H. Döring

Christoph M. Wielands Biografie

www.elv-verlag.de

Döring, H.

Christoph M. Wielands Biografie

ISBN: 978-3-86267-356-8

Auflage: 1
Erscheinungsjahr: 2011
Erscheinungsort: Bremen, Deutschland

Europäischer Literaturverlag GmbH, Fahrenheitstr. 1, 28359 Bremen (www.elv-verlag.de).

Bei diesem Titel handelt es sich um den Nachdruck eines historischen, lange vergriffenen Buches. Da elektronische Druckvorlagen für diesen Titel nicht existieren, musste auf alte Vorlagen zurückgegriffen werden. Hieraus zwangsläufig resultierende Qualitätsverluste bitten wir zu entschuldigen.

Christoph M. Wielands Biografie

www.elv-verlag.de

C h r i s t o p h   M a r t i n   W i e l a n d erblickte in dem unfern der ehemaligen freien Reichsstadt Biberach gelegenen Dorfe Ober-Holzheim am 5. September 1733 das Licht der Welt. Sein Vater, M a t t h i a s , der dort eine Pfarrstelle bekleidete, doch bald nachher Prediger an der Marien-Magdalenenkirche zu Biberach ward, hatte die Jurisprudenz, der er sich anfangs gewidmet, später in Halle mit dem Studium der Theologie vertauscht. Er war ein eifriger Anhänger Spener's und des damals weit verbreiteten Pietismus geworden. Vorherrschend blieb in seinem Benehmen immer eine gewisse Abgemessenheit, ein feierlicher Ernst, den er von der priesterlichen Würde für unzertrennlich hielt. Seine Liebe zur Einsamkeit hatte zum Theil in seinen beschränkten Verhältnissen ihren Grund. Durch langwierige Processe seiner Mutter hatte er sein kleines Erbtheil fast ganz eingebüßt. Mit gleicher Resignation, wie er, ertrug seine Gattin, eine geborne   K i e k e , die mannigfachen Entbehrungen, die ihres Mannes Lage zu fordern schien. Sie war eine stille, anspruchslose Hausfrau, die jede überflüssige Ausgabe zu vermeiden suchte. Mit inniger Liebe hing sie an ihrem Sohne, und diese Liebe verminderte sich nicht, als ihm noch ein Bruder geboren ward, der schon früh an Engbrüstigkeit litt, und bereits im Jünglingsalter starb.

Seiner Amme verdankte Wieland, wie er in spätern Jahren erzählte, seine große Liebe zur Reinlichkeit. Als ihm einst der Dreier, wofür er sich beim Gange in die Schule sein Frühstück kaufen sollte, zufällig aus der Hand fiel, konnte er sich nicht entschließen, die sehr beschmutzte Kupfermünze wieder aufzuheben. Er zog es vor, hungrig die Schule zu betreten. Ein gewisser Ernst, der ihn selbst bei seinen jugendlichen Spielen nie ganz verließ, blieb ihm in seinen Knabenjahren eigen. Von Natur war er schwächlich. Aber bei dem Unterricht, den ihm sein Vater schon im dritten Lebensjahre ertheilte, entwickelten sich bald seine Geistesanlagen in reger Wißbegier, schneller Auffassungsgabe und einem trefflichen Gedächtniß. Er war noch sehr jung, als er, außer einer gründlichen Kenntniß des Lateinischen und Griechischen, auch in der Mathematik, Logik und Geschichte bedeutende Fortschritte gemacht hatte. Mit einer sehr regen Phantasie verband er Wärme und Innigkeit des Gefühls. Durch seine Gemüthsanlagen, vielleicht auch durch das Beispiel seines Vaters neigte er sich früh zur religiösen Schwärmerei. Verändert ward diese Geistesrichtung durch das mit großem Eifer von ihm betriebene Studium der römischen und griechischen Classiker. Die Lebensbeschreibungen der Helden im Cornelius Nepos begeisterten ihn.

Lebhaft regte sich seit seinem zwölften Jahre Wielands Gefühl für Poesie, noch ehe er den Virgil und Horaz gelesen hatte, die späterhin seine treuen Begleiter auf einsamen Spaziergängen wurden. Seine ersten poetischen Versuche waren lateinische Verse. Anakreon war sein Vorbild bei einem Gedicht von der Echo, dem er eine Ausdehnung von beinahe 600 Versen gab. Nicht viel kürzer war ein anderes Gedicht in Distichen, zu welchem ihm die bekannte Fabel von den Pygmäen den Stoff bot. Dies Gedicht war eigentlich eine Satyre auf die sehr kleine Frau des Rectors an der Schule zu Biberach. In deutschen Versen wählte sich Wieland den durch sein „Irdisches Vergnügen in Gott" gefeierten Dichter Brockes zum Muster. Von

Gottsched, dem damaligem Tonangeber des guten Geschmacks, entfernte ihn sein sehr feines Gefühl für das wahre Schöne.

Nicht blos der Form, auch dem Inhalt nach, blieb Brockes Wielands Vorbild in mehreren Cantaten und andern religiösen Dichtungen, die er zwischen seinem zwölften und dreizehnten Jahre schrieb. Auch einige Opern und Ballette fielen in jene Zeit. Seine Begeisterung für die Poesie hatte jedoch mit manchen Hindernissen zu kämpfen. Das vaterliche Verbot, mit irgend etwas Anderem, als wissenschaftlichen Gegenständen sich zu beschäftigen, nöthigte ihn, früh aufzustehen, und die Morgenstunden zu seinen poetischen Arbeiten zu benutzen. Keins seiner dichterischen Versuche, ein Epos, „die Zerstörung Jerusalems" betitelt, nicht ausgenommen, genügte ihm. In jugendlichem Unmuth verbrannte Wieland die meisten seiner poetischen Versuche, und auch die wenigen, die seine Mutter gerettet hatte, traf späterhin ein gleiches Schicksal.

Wielands Gefühl für die Schönheiten der Natur ward früh geweckt durch die anmuthigen Umgebungen der Stadt Biberach. Die Liebe zur Einsamkeit blieb ein vorherrschender Zug in seinem Charakter. Oft brachte er nicht blos einen großen Theil des Tages, sondern auch manche Sommernacht in dem an der väterlichen Wohnung gelegenen Garten zu. In froher Erinnerung an seine Jugendzeit dichtete er später (1780) in seinem „Oberon" die Verse: „Du kleiner Ort, wo ich das erste Licht gesogen, den ersten Schmerz, die erste Lust empfand" u.s.w. In einem spätern Briefe an einen Freund gestand Wieland, daß sein Jugendleben in einer anmuthigen Gegend großen Einfluß auf seine Bildung gehabt habe.

Sein vierzehntes Jahr hatte er kaum erreicht, als ihn sein Vater nach der bei Magdeburg gelegenen Lehranstalt Klosterbergen sandte. Unter dem Abt Steinmetz, dem damaligen Director jenes Instituts, war Wieland, bei dessen Hinneigung zum Pietismus, der Gefahr ausgesetzt, ein religiöser Schwärmer zu werden. Seine Liebe zur Einsamkeit fand in Klosterbergen neue Nahrung. Heilsam war ihm daher das mit besonderem Eifer betriebene Studium der neuern Sprachen. Im Französischen machte Wieland, ungeachtet eines sehr mittelmäßigen Lehrers, schnelle Fortschritte. Bald war er im Stande, ohne Hülfe eines Wörterbuchs, mehrere französische Schriftsteller zu lesen. Fontenelle, d'Argens und Voltaire waren seine Lieblinge, obschon der Letztere durch seinen Spott über religiöse Gegenstände Wielands Gefühl empörte. Er war durch diese Lectüre allmälig ein Skeptiker geworden. In einem philosophischen Aufsatze suchte er zu beweisen, daß das Universum, ohne einen Gott, aus ewigen Elementen sich habe bilden können. Die harten Vorwürfe, die ihn von seinem Lehrer wegen dieses Jugendproducts trafen, konnte nur Wielands tadelloses, rein sittliches Leben einigermaßen mildern. Er klagte jedoch sich selbst hart an wegen seiner Zweifel an der Existenz Gottes. In schlaflosen Nächten rang er sich die Hände fast wund, und vergoß bittere Thränen der Reue. Er war an seinem Glauben irre geworden, und fürchtete die Ewigkeit der Höllenstrafen.

Eine freiere Richtung nahm Wielands Geist, als er sich wieder den classischen Studien zuwandte. Während seines zweijährigen Aufenthalts hatte er den Livius, Terenz, Horaz, Virgil und andere römische Autoren für sich gelesen. Auch einige griechische Schriftsteller wählte er zu seiner Lectüre. Den größten Einfluß auf seine Denk- und Sinnesart gewann Xenophon. In spätern Jahren erzählte Wieland, wie er sich damals an der Cyropädie nicht habe satt lesen können. Besonders gefiel ihm die Episode von „Araspes und Panthea," die er späterhin zum Stoff einer Dichtung wählte. Die „Denkwürdigkeiten des Sokrates" galten ihm, nach seinem eignen Ausdruck, für „das Evangelium der Welterlösung." Eine ähnliche Richtung, wie sie Xenophon verfolgte, fand Wieland in dem Spectator, Tatler, Guardian und andern englischen Journalen, die ihm damals zufällig in die Hände geriethen.

Philosophische Studien, die er schon früh lieb gewonnen hatte, behielten noch immer einen lebhaften Reiz für ihn. Unter den Alten war Cicero sein Liebling. Das ernste Studium von Wolfs Schriften und von Bayle's historisch-kritischem Wörterbuche vollendete Wielands philosophische Bildung. In spätern Jahren gestand er, daß er „durch eine poetische Manier, in den metaphysischen terris incognitis herum zu vagiren," damals von einem System zum andern übergesprungen sei. Von diesem Schwanken befreite ihn einer seiner Lehrer, Räther mit Namen, der sich seiner wahrhaft väterlich annahm. Auch der Conventual Gräter machte sich vielfach um seine Geistesbildung verdient.

Wielands Fleiß während seines zweijährigen Aufenthalts in Klosterbergen war musterhaft. Neben seinen philologischen und philosophischen Studien betrieb er mit Eifer sein künftiges Berufsfach, die Theologie. Er fand noch Muße, sich im deutschen Styl zu üben, für den in den damaligen Lehranstalten wenig gesorgt war. Belehrend waren für ihn die zahlreichen Beispiele aus alten und neuern Schriftstellen in Breitinger's kritischer Dichtkunst. Auch durch das Lesen mancher kritischer Blätter suchte er sich zu bilden. Er fand darin reichen Stoff zum Vergleichen und Prüfen, nachdem er seine eignen poetischen Kräfte mehrfach versucht hatte.

Obgleich weniger productiv, als früher, hatte Wielands Neigung zur Dichtkunst sich nicht vermindert. Anziehend waren für ihn, außer Gellert und Hagedorn, besonders Hallers Gedichte durch ihren philosophischen Inhalt und durch die Würde der Sprache. Verdrängt aber wurden jene Dichter, als Klopstock mit seinem „Messias" hervortrat. Unbeschreiblich war Wielands Enthusiasmus, als er die ersten Gesänge jener Dichtung in den „Neuen Beiträgen zum Vergnügen des Verstandes und Witzes" gelesen hatte. Er fand in jenen Gesängen volle Befriedigung für Geist und Herz, für seine Religiösität und für sein poetisches Gefühl.

Der Dichtkunst blieb Wieland auch in Erfurt treu. Auf den Wunsch seines Vaters hatte er sich 1749 in die genannte Stadt begeben. Er war damals sechszehn Jahre alt. Den größten Theil der poetischen Versuche, die in jener Zeit entstanden, verwarf Wieland wieder, oder ließ sie wenigstens unvollendet. Zu einem ziemlich langen Epos in Hexametern bot ihm die griechische Mythologie den Stoff. Unter solchen Beschäftigungen führte er auch in Erfurt ein einsames Leben. Der Mangel eines Jugendfreundes nöthigte ihn, sich an ältere Personen anzuschließen, zu denen ihn der Ernst seines Wesens ohnedieß hinzog.

Einen väterlichen Freund fand er in Erfurt an dem mit seiner Familie verwandten Dr. Baumer, der später eine Professur der Medicin und Chemie in Gießen erhielt, und dort als Hessen-Darmstädtischer Bergrath starb. Seine Kenntnisse in der Philosophie zu berichtigen und zu erweitern, war die Hauptaufgabe, die Wieland in Erfurt sich stellte. Baumer's logische Vorlesungen und ein Privatissimum über die Wolfische Philosophie gaben seinem Geiste reiche Nahrung. Mit Vergnügen erinnerte sich Wieland in spätern Jahren, an den Genuß, den ihm Baumer verschafft, als er ihm zur Lectüre des Don Quixote verholfen. Aus jenem Roman habe er „die große allgemeine Naturgeschichte der menschlichen Thorheit und Narrheit" kennen gelernt.

Bereichert mit mannigfachen Kenntnissen, kehrte Wieland 1750 nach Biberach zurück. Der Sommer, den er im elterlichen Hause zubrachte, war eine der merkwürdigsten Perioden seines Lebens. In diese Zeit fiel Wielands erste Liebe. Ihr Gegenstand war Sophie v. Gutermann, die Tochter eines Arztes, der mit Wielands Eltern in freundschaftlichen Verhältnissen stand. Nicht durch blühende Schönheit, durch jugendliche Reize fühlte sich Wieland zu Sophien hingezogen. An seinem rein platonischen Liebesverhältniß hatte die Sinnlichkeit auch nicht den entferntesten Antheil. Was ihn an Sophien fesselte, war ihre ausgezeichnete Geistesbildung, die sie schon früh durch das Lesen der besten deutschen Schriftsteller erlangt hatte, ihr rastloses Streben nach Erweiterung ihrer Kenntnisse, und ihr glühender Enthusiasmus für alles

Gute, Wahre und Schöne. Obgleich nur zwei Jahre älter, als Wieland, übte Sophie doch durch die Festigkeit ihres Charakters und innere Haltung eine seltene Herrschaft über den jungen Schwärmer aus. An Kenntnissen ihr überlegen, suchte Wieland mit poetischer Begeisterung Sophiens rege Wißbegierde zu befriedigen.

Diesem Verhältniß dankte Wielands erstes gedrucktes Gedicht seinen Ursprung. Auf einem einsamen Spaziergange nach dem St. Martinskirchhofe traf Sophie einst ihren Freund, und ihre Gefühle begegneten sich dort zum ersten Mal in der Begeisterung für die Schönheiten der Natur. Ein solches Stillleben, meinte Wieland, sei allen geräuschvollen Freuden der Welt vorzuziehen. Durch den Umgang mit Sophien, äußerte er in einem spätern Briefe, mit Hindeutung auf seinen frühern Skeptizismus, sei er ein ganz anderer Mensch, ein Freund der Tugend und Religion geworden. Unvergeßlich blieb ihm noch in spätern Jahren ein schöner Sommertag, an welchem er mit der Geliebten in den freundlichen Umgebungen von Biberach umhergewandelt, und sich mit ihr von der Bestimmung der Geister und Menschen und von der Würde der menschlichen Seele unterhalten hatte. Durch eine Predigt seines Vaters über den Text: Gott ist die Liebe, war er auf dies Thema geführt worden. Die Frucht jenes enthusiastischen Gesprächs, das seine Begleiterin bis zu Thränen rührte, war Wielands Lehrgedicht: „Die Natur der Dinge oder die vollkommenste Welt." Es ward im Februar 1751 begonnen, im April des genannten Jahres vollendet, und noch im Jahr 1770 zum dritten Mal gedruckt.

Mit Schmerz trennte sich Wieland von der Geliebten, die im Herbst 1750 nach Augsburg zurückkehrte, wo ihr Vater, früher in Kaufbeuern ansässig, sich niedergelassen hatte. Noch oft trat in Tübingen, wo Wieland um diese Zeit seine akademische Laufbahn eröffnete, Sophiens Bild vor seine Seele. Der Eindruck, den sie auf sein Herz gemacht, war so tief, daß die in einem Briefe seines Vaters ausgesprochenen Zweifel an der Beständigkeit seiner Liebe ihn sehr schmerzten.

In seiner schwärmerischen Stimmung kannte er kein höheres Glück, als Sophiens Besitz. Ueber die mannigfachen Schwierigkeiten, die der Erfüllung seines Lieblingswunsches entgegen treten konnten, setzte er sich leicht hinweg. Im Geist sah er schon seine bürgerliche Existenz begründet, während er noch nicht mit sich einig war über das Berufsfach, dem er sich widmen wollte. Die Jurisprudenz schreckte ihn durch ihre Trockenheit. Um Theolog zu werden, hätte er eine stärkere Brust haben müssen. Das Studium der Medicin ward ihm verleidet durch seine unüberwindliche Scheu vor todten Körpern, Krankenstuben und Spitälern. Er besuchte in Tübingen fast gar kein Collegium. Die Liebe zur Einsamkeit fesselte ihn an sein Zimmer. Ohne Freunde, ja fast ohne allen Umgang, brütete sein Geist über der Idee, die schönsten poetischen Blüthen, die ihm sein Dichtertalent bieten möchte, zur Verherrlichung seiner Geliebten in einen Kranz zu flechten. So entstand sein früher erwähntes Gedicht: „Die Natur der Dinge oder die vollkommenste Welt."

Begeistert von diesem Product, das er später einer sehr strengen Beurtheilung unterwarf, sandte

Wieland sein Gedicht dem Professor Meier in Halle, der damals als philosophischer Kopf und als Kritiker viel galt. Weder seinen Namen, noch seinen Aufenthaltsort erwähnte er in seinem Briefe. Meier hielt einen Adlichen für den Verfasser des ihm gesandten Gedichts, das er sofort drucken ließ, und es mit einer Vorrede begleitete. Noch ehe er das Schicksal seines Werks erfahren, hatte Wieland einen neuen poetischen Plan entworfen. Die fünf ersten Gesänge eines epischen Gedichts, „Hermann" betitelt, sandte er an Bodmer in Zürich, der damals in dem lebhaftesten literarischen Kampfe mit Gottsched und seinen Anhängern verwickelt war. Bodmer nahm die ihm gesandte Probe günstig auf, vielleicht schon deshalb, weil Wieland in jugendlicher Begeistrung seine Parthei ergriffen hatte. Er trat mit dem jungen Autor in einen fortgesetzten Briefwechsel.

In einer anmuthigen Sommerwohnung, späterhin das Wielandshäuschen genannt, auf einem Weinberge unweit Tübingen, diesseits des Neckars gelegen, lebte Wieland damals dem Genuß der Natur, einsamen Studien und mancherlei poetischen Versuchen, von allem Umgang entfernt, in fast gänzlicher Abgeschiedenheit. Seine Geistesrichtung und Empfindungsweise schilderte er in einem damaligen Briefe mit den Worten: „Ich habe von der Dichtkunst keinen kleinern Begriff, als daß sie die Sängerin Gottes, seiner Werke und der Tugend seyn soll. Inzwischen gefallen mir doch auch die Aeußerungen jugendlicher Freude, wenn sie unschuldig ist, und Gleim und Hagedorn haben mich oft ergötzt." In wechselnder Stimmung war Wieland jedoch auch den unschuldigsten Scherzen so abgeneigt, daß er die genannten Dichter eines sträflichen Leichtsinns beschuldigte. Der Ernst seiner Natur zog ihn zu den englischen Poeten, zu Milton, Pope, Addison, Young, Thomson u.A. „Den Franzosen," schrieb Wieland, „bin ich, ihres flüchtigen und affenmäßigen Charakters wegen, recht gram, und noch mehr den Deutschen, die ihren Geist lieber nach diesen lächerlichen Geschöpfen bilden wollen, als nach den denkenden, männlich schönen und zuweilen himmlischen Britten."

Aus einer schwärmerischen Ueberspannung seines Geistes ging Wielands Streben hervor, die Irreligiosität und den Leichtsinn zu bekämpfen. Er wollte der Welt zeigen, daß das Schöne im ächt platonischen Sinne mit dem Guten einerlei sei. Auf keinen Dichter seiner Zeit lenkte sich Wielands Aufmerksamkeit entschiedener, als auf Klopstock. Von der enthusiastischen Verehrung jenes Sängers zeugten mehrere damalige Briefe Wielands. Ein Nachahmer Klopstocks ward er nicht, ungeachtet es in seiner Natur lag, leicht etwas anzunehmen von der Manier der Schriftsteller, die seinem Geschmack besonders zusagten. Wielands „Lobgesang auf die Liebe", und ein Gedicht, „der Frühling" überschrieben, zeigten unverkennbar den Einfluß, den Kleist auf sein poetisches Talent gehabt hatte. Er machte keinen Versuch, den Sänger der Messiade auf dem kühnen Fluge seiner Phantasie zu begleiten. Nur als Mensch wollte er ihm gleichen. Ihn beseelte ein gewisser moralischer Stolz, der noch genährt ward durch die Vergleichung des gewöhnlichen Lebens und Treibens der Menschen mit den erhabenen Mustern von Tugend und Seelengröße, die ihm ältere und neuere Schriststeller vor Augen stellten. Mit Enthusiasmus hatte er als Knabe, wie früher erwähnt, den Cornelius Nepos gelesen. Noch höher begeisterte ihn als Jüngling die Schilderung jeder edlen That, während er sich von schlechten Handlungen mit Abscheu hinweg wandte.

Auch in der Poesie, wie im Leben, blieb ihm ein lebendiges Gefühl für das Reinsittliche. Den philosophischen und moralischen Gedichten gab er vor allen andern den Vorzug. Er schrieb darüber unter andern: „Ich schätze die heroischen Gedichte sehr hoch; aber ich überlasse es größern Geistern, darin groß zu seyn oder sich darin zu versuchen. Ich begnüge mich, die wenigen Nebenstunden, die mir meine Muse gleichsam entwendet, dazu zu benutzen, in philosophischen und moralischen Gedichten, und also in Absicht der Dichtkunst in einer kleinen Sphäre, die liebenswürdige Tugend zu preisen."

Unter den Gedichten Wielands, die während seines Aufenthalts in Tübingen entstanden, war der „Anti-Ovid", im Sommer 1752 verfaßt, nicht blos gegen den Leichtsinn der Römer, sondern auch der Franzosen gerichtet. Die Liebe begeisterte ihn, in diesem Lehrgedicht einen Gegenstand zu wählen, dem er, wie er in spätern Jahren gestand, damals kaum gewachsen war, da es ihm in seiner Einsamkeit, umgeben von seinen Büchern, an der nöthigen Menschenkenntniß fehlte, die er nur aus der Beobachtung der Lebensverhältnisse schöpfen konnte.

Einige Monate früher, als der „Anti-Ovid", im Mai 1752, entstanden Wielands „moralische Erzählungen." Bereits am Schluß des Jahres 1751 hatte er seine „moralischen Briefe" herausgegeben. Von seinen bisherigen Gedichten unterschieden sich die hier genannten weniger durch ihren Gehalt, als durch die Form. Für die „moralischen Briefe" hatte Wieland Alexandriner, für die „moralischen Erzählungen" reimlose Jamben gewählt, und für den „Anti-Ovid" ein freies Versmaß in wiederkehrenden Reimen. Unter solchen Beschäftigungen lebte Wieland weniger in der wirklichen Welt, als in dem Reich der Ideale, das ihm seine Phantasie vorzauberte. Seine Zukunft schien ihn wenig zu kümmern. In einer Art von Selbstcharakteristik, die er noch während seines Aufenthalts in Tübingen in einem Briefe an seine geliebte Sophie entwarf, gestand er, trotz seiner mannigfachen Fehler, sich „ein gutes Herz und einigen Geist" zu, dabei glaubte er mit Wahrheit versichern zu können, daß es „sein Geist gewesen, der sein Herz zu einem so guten gemacht habe."

Im Juni 1752 war Wieland aus Tübingen wieder in das elterliche Haus nach Biberach zurückgekehrt. Lebhaft misbilligte sein Vater die Art und Weise, wie er bisher seine Studien betrieben hatte. Ueber dem Versemachen hatte er seinen künftigen Beruf fast gänzlich aus den Augen verloren. Einer sogenannten Brodwissenschaft sich zu widmen, war ihm gar nicht in den Sinn gekommen. Sehr abgeneigt war er daher dem väterlichen Plan, sich in Göttingen der Laufbahn eines akademischen Docenten zu widmen. Wieland meinte, daß er dazu, wie zu manchem Andern, gar nicht passe. Er hoffte wohl noch einen Wirkungskreis zu finden, der mit seinen Fähigkeiten und Neigungen mehr harmonirte. Einer Lehrstelle an einem Gymnasium glaubte er gewachsen zu seyn. Sein sehnlichster Wunsch war eine Professur an dem Carolinum zu Braunschweig, besonders deshalb, weil er dadurch mit Gärtner, Ebert, Zachariä u.a. talentvollen Männern, die in dem genannten Institut Lehrstellen bekleideten, in nähere Berührung zu kommen hoffte. Zur Erfüllung seines Lieblingswunsches zeigte sich jedoch keine Aussicht.

Von dem peinlichen Gefühl, seinen Eltern durch weitere Unterstützung beschwerlich zu fallen, ward Wieland befreit durch eine Einladung Bodmer's, zu ihm nach Zürich zu kommen. Er hatte den jungen Autor, nach den poetischen Versuchen, die ihm Wieland gesendet, sehr liebgewonnen. Gegen die Reise nach der Schweiz, die im Herbst 1752 angetreten werden sollte, hatte Wielands Vater nichts einzuwenden. Er glaubte vielmehr, daß eine solche Entfernung seinen Sohn in mannigfacher Hinsicht heilsam seyn möchte, besonders auch in Bezug auf seine Herzensangelegenheit, von der er sich keinen sonderlichen Ausgang versprach. Wieland aber wollte Biberach nicht verlassen, ohne seine geliebte Sophie noch einmal gesehen zu haben. Manche Umstände traten ein, die seine Hoffnung von einer Zeit zur andern verzögerten. Er versank darüber, wie er sich in einem seiner Briefe äußerte, „in einen Zustand von Unthätigkeit und Verdrießlichkeit, der ihm oft zur Last ward." Eine Beurtheilung von Bodmer's „Noachide" half ihm die langweilige Zeit einigermaßen verkürzen.

Genußreiche Tage versprach sich Wieland von dem Leben in Zürich. Da er seine dortigen Freunde nicht so bald wieder verlassen wollte, so wünschte er in der Schweiz durch eine Hofmeisterstelle sich die Mittel zu seiner Subsistenz zu sichern. Noch eh' er nach Zürich abgereist war, wandte er sich deshalb schriftlich an Bodmer's Freund, den Rathsherrn

Schinz, und bat ihn um seinen Rath. In Bodmer's anmuthig gelegener Wohnung, wo er am 13. October 1752 eintraf, fand er einen freundlichen Empfang. Ehrfurcht, Liebe und Dankbarkeit fesselten ihn bald an den Mann, der durch Mittheilung seiner literarischen Schätze und durch seine belehrenden Gespräche sehr günstig auf Wieland einwirkte. Mit seiner Denk- und Empfindungsweise harmonirte Bodmer's einfaches Leben, seine Zurückgezogenheit von der Welt und die Neigung zu literarischen Beschäftigungen. Auch nachdem sie längere Zeit zusammen gelebt, trat in ihrem freundschaftlichen Verhältniß keine wesentliche Störung ein. Noch in spätern Jahren nannte Wieland jene Periode die glücklichste seines Lebens.

In so heiterer Stimmung vollendete er seine schon zu Biberach angefangene „Abhandlung von den Schönheiten des epischen Gedichts Noah", das sein väterlicher Freund Bodmer verfaßt hatte. Bodmer ließ jene Abhandlung 1753 zu Zürich drucken, und bald nachher auch ein von Wieland verfaßtes „Schreiben über die Würde und Bestimmung eines schönen Geistes." Auch zur Poesie kehrte Wieland in Zürich wieder zurück. Auf Bodmers Vorschlag schrieb er ein kleines Epos, „die Prüfung Abrahams" betitelt. Zu seinen damals gedichteten „Briefen Verstorbener an ihre noch lebenden Freunde" hatte er sich durch das von der englischen Dichterin Elisabeth Rowe herausgegebene Werk: „Friendship in death" veranlaßt gefunden.

Noch immer trug sich Wieland mit dem Gedanken, seine geliebte Sophie einst ganz die Seinige nennen zu können. Daß die Schwierigkeiten, zu ihrem

Besitz zu gelangen, sich noch gehäuft hatten, ahnte er nicht. Versunken in seine poetischen Träume, fühlte er sich tief erschüttert durch einen Brief, in welchem Sophie ihr bisheriges Verhältniß zu ihm für aufgelöst erklärte. Dies Schreiben, das er zu Anfang des December 1753 erhielt, meldete ihm zugleich Sophiens Vermählung mit dem Churmainzischen Hofrath de la Roche. Diesem geistreichen und allgemein geachteten Manne hatte sie aus Gehorsam gegen ihre Eltern ihre Hand gereicht, und die Stimme ihres Herzens, die noch immer für Wieland sprach, wenig beachtet.

Die innige Theilnahme seiner Freunde mußte ihm dies harte Schicksal ertragen helfen. Mit größerer Selbstüberwindung, als sich von seiner reizbaren Gemüthsart erwarten ließ, billigte er in einem Briefe an die Geliebte ihren Entschluß, und wünschte ihr aufrichtig Glück zu ihrer Verbindung. Oft aber kehrte ihm noch die Klage um den Verlust seiner Sophie wieder. Auf ihren dereinstigen Besitz mochte er wohl mitgerechnet haben, als er einen Plan entwarf zur Errichtung einer Privaterziehungsanstalt, oder, wie er sie selbst nannte, einer „Akademie zur Bildung des Verstandes und Herzens junger Leute." Durch das peinliche Gefühl, als Bodmer's Haus- und Tischgenosse seinem Gönner noch länger zur Last zu fallen, ward Wieland bewogen, 1754 bei einem Herrn v. Grebel in Zürich eine Hauslehrerstelle anzunehmen. Weder die ausgezeichnete Achtung, die er in seinem neuen Verhältniß genoß, noch die große Rücksicht, die man auf seine kleinen Eigenheiten nahm, konnte in ihm den Schmerz um den Verlust seiner Geliebten mildern. Er sah sich in seinen schönsten Hoffnungen getäuscht, und versank in einen Trübsinn, den nichts zu erheitern vermochte. In dieser Stimmung nahm er seine Zuflucht zu philosophischen Studien. Mit großer Anstrengung las er fast Tag und Nacht in Plato's Werken. Auch die Schriften mehrerer Mystiker und die Lebensbeschreibungen von Heiligen gehörten zu Wielands damaliger Lectüre. Dadurch neigte er sich zu einer immer strengern Ascetik hin. In solcher Stimmung schrieb er einem Freunde: „So einsiedlerisch ich hier Vielen scheine, bin ich es doch noch lange nicht so, wie ich es gern seyn möchte. Melden Sie mir doch, ob es keine Wüste in Ihrer Gegend giebt. Ich habe schon seit manchen Jahren große Lust, ein Eremit zu werden; denn ich versichre Sie im Ernst, daß ich der Thorheiten der Welt und meiner eigenen herzlich müde bin."

Wieland hatte damals alle Anlage, ein religiöser Schwärmer zu werden. Die Lectüre von Youngs Nachtgedanken und von Klopstocks Mesias war geeignet, jene Stimmung zu unterhalten, und ihn über die Grenzen eines ruhigen Forschens weit hinaus zu führen. Sein Eifer für Glauben und Frömmigkeit kannte kein Maaß und Ziel, und Toleranz war ihm ein völlig fremder Begriff. Ueber Ovid, Anakreon, Tibull und mehrere französische und englische Dichter, besonders aber Chaulien, Gay und Prior, sprach er in seinen 1754 herausgegebenen „Sympathien" öffentlich ein Verdammungsurtheil aus. Auf ähnliche Weise eiferte Wieland in den 1755 geschriebenen „Empfindungen eines Christen" gegen die „schwärmerischen Anbeter des Bacchus und der Venus." Den Oberconsistorialrath Sack in Berlin, dem er dies Werk zugeeignet hatte, forderte er dringend auf, „das Aergerniß zu rügen, das jene leichtsinnigen Witzlinge angerichtet."

Ein milderer Ton, doch eine eigentümliche mystische Richtung war vorherrschend in mehrern „Hymnen" Wielands, von denen er später nur den „Hymnus auf Gott" in seine Werke aufnahm. Mit seinen „Erinnerungen an eine Freundin" dem Inhalt nach verwandt war Wielands „Timoklea", eine Frucht seiner philosophischen Studien, besonders der Lectüre des Plato und Shaftsbury. Wieland's „Platonische Betrachtungen über den Menschen" dankten ebenfalls jenen Studien ihren Ursprung. In diesen Schriften sowohl, als in zwei Aufsätzen, die er selbst als „Visionen" bezeichnete, in dem „Gesicht des Mirza" und in dem „Gesicht von einer Welt unschuldiger Menschen" sprach Wieland mit ergreifender Wärme von der Tugend, Schönheit und Liebe im edelsten Sinne des Worts.

In seiner „Ankündigung einer Dunciade für die Deutschen" unternahm er einen kritischen Feldzug gegen Gottsched, den damaligen Tonangeber des ästhetischen Geschmacks und gegen seine Anhänger. Aus der leidenschaftlichen Reizbarkeit seiner Natur versank er wieder in eine Art von Abspannung des Geistes, die mitunter einen sehr hohen Grad erreichte. „Ich verschlummere", schrieb er 1756 einem Freunde, „wider meinen Willen einen großen Theil meiner Existenz. Ich fühle, daß mein Leib immer schwächer wird, und daß sowohl meine sehr blöden Augen, als mein Gehirn dem denkenden Wesen oft versagen. Zuweilen wünsche ich, daß ich ein halbes Dutzend munterer Seelen hätte, die der meinigen subordinirt wären, und die alles das nach meinem Sinne ausführten, was ich nicht kann. Dergleichen Wünsche sind fast alles, was mir von meiner ehemaligen jugendlichen Lebhaftigkeit übrig geblieben ist."

Seinem Trübsinn ward Wieland entrissen, als er seinen bisher auf Bodmer und dessen Freunde beschränkten Umgang allmälig erweiterte. Geneigter als bisher ward er wieder den Freuden des geselligen Lebens. Außer dem bekannten Fabeldichter Meyer von Knonau, gehörten Geßner, der Verfasser der Idyllen, späterhin auch Zimmermann, der Autor des berühmten Buches über die Einsamkeit, zu Wielands vertrautesten Freunden. Mit Frauenzimmern verkehrte er wenig; er war sogar ihrem Umgange völlig abgeneigt. Seine geliebte Sophie hatte ihn verwöhnt, an das weibliche Geschlecht Ansprüche zu machen, die nicht jedes Mädchen erfüllen konnte.

In einer Art von Selbstcharakteristik meinte Wieland, sein Herz, trotz allen seinen Fehlern, sei doch noch das Beste an ihm. An Zimmermann schrieb er darüber: „Sie dürfen viel Gutes von meinem Herzen denken, ohne sich zu betrügen. Was Sie mein Genie nennen, sind sehr reizbare Fibern und eine daraus entspringende Lebhaftigkeit der Empfindungen, Imagination, Activität, Kühnheit, Neigung zum Wunderbaren, zum Ausschweifenden u. dergl. Verdient das, daß ich mich hochachte, oder daß ich mir selbst etwas darauf einbilde? Gewiß nicht! Aber dafür danke ich Gott, daß ich von Jugend an die Wahrheit geliebt, und für das, was gut, recht und moralisch schön ist, sehr empfindsam gewesen. Dieses ist für mich sehr glücklich, aber da ich es mit vielen Tausenden gemein habe, so ist es nichts Vorzügliches. Daß ich hypochondrisch bin, begreife ich. Schwach bin ich in der That, aber noch voll Leben. Ich liebe mehr die Aussichten in ein anderes, als in dieses Leben. Hier bin ich nur par devoir, nicht par inclination."

Diese trübe Lebensansicht kehrte ihm noch oft wieder. Erst gereiftere Jahre, größere Erfahrung und eine gründlichere Welt- und Menschenkenntniß bewirkten eine merkwürdige Veränderung in Wielands Wesen. Er schien heiterer gestimmt. Seine Weiberscheu hatte sich verloren, und dem Platonismus in der Liebe huldigte er nicht mehr so unbedingt als früher. Auch sein hartes und unbilliges Urtheil über mehrere alte und neuere Dichter nahm er zurück. Auf seine eigenen literarischen Erzeugnisse hatte jene Sinnesänderung den wohlthätigsten Einfluß. Er beurtheilte seine Arbeiten mit nachsichtsloser Strenge. Seinen Roman „Araspes und Panthea", zu welchem ihm eine Erzählung Xenophon's den Stoff dargeboten hatte, nannte er in einem seiner damaligen Briefe „eine unreife und unvollendete Geburt." Entschiedenen Antheil nahm er an der deutschen Bühne. Fleißig wohnte er den theatralischen Vorstellungen der Ackermannschen Schauspielertruppe bei, die damals (1757) durch die Drangsale des siebenjährigen Krieges aus Deutschland vertrieben, längere Zeit in der Schweiz und namentlich in Zürich sich aufhielt. In seinem Trauerspiel „Johanna Gray" machte Wieland den ersten dramatischen Versuch. Statt der Alexandriner, des bisher allgemein üblichen Versmaßes, wählte er die fünffüßigen Jamben für seine Tragödie. Sie ward am 20. Juli 1758 zum erstenmal in Winterthur, und später auch an andern Orten nicht ohne Beifall aufgeführt.

Auch in andern Gattungen der Poesie versuchte sich Wieland damals. Viel versprach er sich besonders von einem epischen Gedicht, zu welchem ihm einer seiner Lieblingsschriftsteller, Zachariä in Braunschweig, den Stoff dargeboten hatte, während ihm bei dem Entwurf seines Ideals vielleicht Friedrich II. vorschwebte, der damals im Kampfe mit ganz Europa durch Größe des Geistes und die glänzendsten Eigenschaften selbst seinen Feinden Bewundrung abnöthigte. Sein „Cyrus", wie das von Wieland beabsichtigte Gedicht hieß, sollte auf achtzehn Gesänge ausgedehnt werden. Auch seinen vertrautesten Freunden hatte Wieland seinen Plan verschwiegen. Als er jedoch zu Anfange des Jahrs 1758 die Ausführung seiner poetischen Idee begann, stieß er auf mancherlei Schwierigkeiten, und fürchtete sich an ein Unternehmen gewagt zu haben, dem er nicht gewachsen war. In einem seiner damaligen Briefe meinte Wieland, „er stehe zu tief unter einem Helden, um ihn würdig darstellen zu können." Selbst der Styl und die Versification kosteten ihm, nach seinem eignen Geständniß, unsägliche Mühe. Er fühlte, daß er bisher mehr in dem Reiche seiner Ideen, als in der wirklichen Welt gelebt. Ein gründliches Studium der Geschichte und Politik hielt er für unerläßlich, um seinem Werke den höchsten Grad von Vollendung zu geben. Fleißig studirte er Macchiavelli's und Montesquieu's Werke. Auch die Lectüre von Plato's Republik beschäftigte ihn.

Das Resultat dieser Studien war Wieland's erste politische Schrift: „Gedanken über den patriotischen Traum, die Eidgenossenschaft zu verjüngen." Diese Schrift erschien, während Wieland sich noch fleißig mit seinem „Cyrus" beschäftigte. Eine neu aufkeimende Idee drohte dies Epos zu unterbrechen. Durch Lucian und Swift begeistert, entwarf Wieland den Plan zu einem satyrischen Roman. Unter dem Titel: „Lucian's des Jüngern wahrhafte Geschichten", wollte er in diesem, auf drei Bände berechneten Werke zwei Republiken, einen Staat verständiger Bienen, die seltsame Regierung, Sitten und Gebräuche eines Volks, Pagoden genannt, und ähnliche wunderbare Dinge schildern. Die Ausführung dieser Idee unterblieb. Von seinem „Cyrus" hatte er indessen die ersten fünf Gesänge beinahe vollendet, und bei größerer Gemüthsruhe würde dies Werk noch rascher fortgeschritten seyn.

Was ihn sehr bekümmerte, war die Sorge um seine fernere Subsistenz in Zürich. Seine bisherigen Zöglinge hatten anderweitige Bestimmungen erhalten, und Wieland mußte daher an seine eigene Zukunft denken. Eine Zeit lang beschäftigte ihn die Idee der Herausgabe einer Wochenschrift, von deren Ertrag er in Zürich leben zu können hoffte. In einem seiner damaligen Briefe äußerte Wieland: er wolle alle seine Kräfte zusammennehmen, um jener periodischen Schrift die höchste Vollkommenheit zu geben. Aber seine schönsten Stunden, meinte er, gehörten doch dem „Cyrus". Um sich in ungestörter Einsamkeit mit diesem Gedicht beschäftigen zu können, kam er auf den Gedanken, sich wieder in seine Heimath zu begeben. Einen bestimmten Lebensplan schien er an die Rückkehr in das elterliche Haus nicht geknüpft zu haben.

Der Wunsch, einige Jahre in völliger Muße und Unabhängigkeit zu leben, machte ihn gleichgültig gegen mehrere zum Theil vortheilhafte Anträge zu auswärtigen Lehrstellen. Längere Zeit schwankte Wieland, ob er sich nach Marseille begeben sollte, um dort in der sehr angesehenen Familie Semandi Unterricht zu ertheilen. Seine Unentschlossenheit ward vermehrt durch einen Antrag Zimmermanns, der ihn dem Rathsherrn v. Sinner in Bern zum Erzieher seines einzigen Sohnes empfohlen hatte. Sein Empfang in Bern, wohin er sich am 13. Juni 1759 begab, übertraf in jeder Hinsicht seine Erwartungen. Gleichwohl behagte ihm das neue Verhältniß, in das er getreten war, nicht lange. Er liebte zu sehr die Einsamkeit, um für sie Ersatz zu finden in den Gesellschaftskreisen, in die er wider seinen Willen hineingezogen ward. Unmuthig äußerte er sich darüber in mehreren Briefen. Aber auch seine Lehrerstelle behagte ihm nicht. Zum Unterricht, besonders in den ersten Elementen, schien ein Geist nicht geschaffen, der, wie Wieland selbst äußerte, „den Cyrus denken, und mit Shaftsbury, Diderot und Rousseau wetteifern wollte." Bereits nach einem Vierteljahre, im September 1759, gab er seine Hauslehrerstelle wieder auf.

Eine Art von Erwerbsquelle eröffnete sich Wieland durch philosophische Vorlesungen, die er „gegen ein jährliches Honorar von 200 Kronen" einigen Jünglingen aus angesehenen Familien hielt. Er hatte an Freiheit und an Zeit viel gewonnen, da jene Vorlesungen ihm täglich nur zwei Stunden raubten. Demungeachtet rückte sein mehrfach erwähntes Epos, der „Cyrus" nur langsam fort. Entmuthigt durch den geringen Beifall, den die von ihm mitgetheilten Proben fanden, entwarf er den Plan zu einem philosophischen Gedicht über den Landbau. Die Ausführung unterblieb jedoch. Das einzige Product, das er während seines Aufenthalts in Bern vollendete, war sein mit großem Beifall aufgeführtes Trauerspiel „Clementine von Porretta." Aus seinem Lieblingsschriftsteller Richardson hatte Wieland den Stoff zu dieser Tragödie geschöpft. Ein Held, wie Grandison, mußte ihn vor vielen andern interessiren zu einer Zeit, wo ihn das Gefühl einer Liebe ergriffen hatte, die eben so platonisch, als jemals, und nicht minder schwärmerisch war.

Eine reizende Bernerin, Mariane Fels, war längst schon die Königin seines Herzens, als Julie Bondeli, die Tochter eines Diakonus in Bern, ihr den Sieg streitig machte. Julie war, glaubwürdigen Zeugnissen und ihrem noch erhaltenen Portrait in Lavater's Physiognomik zufolge, eine der häßlichsten ihres Geschlechts. Was die Natur ihr indeß an Reizen versagt, hatte sie ihr durch Geistesgaben reichlich vergütet. Die gelehrtesten Männer ihrer Zeit erkannten dies, und standen mit ihr in Briefwechsel. Das Gerücht sagte von ihr, daß sie mehr gelesen und studirt, als irgend ein Frauenzimmer, und mit ausgebreiteten Kenntnissen in den verschiedenartigsten wissenschaftlichen Fächern ein sehr richtiges Urtheil verbinde. Darin fühlte sich Wieland nicht getäuscht, als ihn die Neugier trieb, sie kennen zu lernen. Von dem begeisternden Eindruck, den Julie auf ihn machte, gab er in mehreren Briefen Rechenschaft. „Nie hab' ich," schrieb er unter andern, „ein Frauenzimmer gesehen, das bei einer außerordentlichen Gleichheit der Gemüthsart, bei dem heitersten Humor und der größten moralischen Simplicität, die nur in ihrem Alter möglich scheint, mehr Lebhaftigkeit und unerschöpfliche Resourcen im Umgange gehabt hätte, als sie. In diesen

Stücken ist Sophie noch weiter hinter ihr, als Julie in Absicht der Schönheit hinter Sophie'n ist. Der aufgeklärteste Geist, den ich je an einem Frauenzimmer gesehen habe, und ein Herz, das der edelsten Freundschaft würdig ist."

In einem spätern Briefe gestand Wieland, daß Julie weder eine Idee, noch Empfindung von der Liebe zu haben scheine, die in Romanen und Tragödien herrsche. Sie wolle Freunde haben, sie halte die Freundschaft für eine vernünftige und beständige Liebe, und weil sie nicht anders geliebt seyn wolle, so hasse sie alles, was den Schein einer überspannten, fanatischen Leidenschaft trage. „Ich selbst," schrieb Wieland, „bin, wie ich glaube, in Absicht der Liebe der Einzige in meiner Art, und ich bin stolz genug zu glauben, daß meine Art zu lieben der Liebe der Geister wirklich so nahe kommt, als es unter dem Monde möglich ist. Ich liebe alle wahrhaft tugendhaften Frauen eben so sehr, wie ich die Tugend lieben würde, wenn sie sichtbar wäre. Das sind keine Großsprechereien. Wenn die Weisheit, die Tugend, die moralische Venus, eine weibliche Gestalt annimmt, so muß freilich der Instinct, der uns zu diesen lieblichen Geschöpfen zieht, sich unter die reine geistige Liebe mischen, die unserem Geiste für das wahre Schöne, Gute und Erhabene natürlich ist. Aber darin besteht mein Privilegium, daß, wenn mein Gegenstand eine Julie ist (aber nicht eine Julie wie die Tochter des Augustus), die Liebe der Engel sich natürlicher und ungezwungener Weise zu der thierischen verhält, wie eine Weltkugel zu einem Sonnenstaube." Diesem Briefe fügte Wieland noch die charakteristische Aeußerung bei: „Wir sind übereingekommen, daß jedes das Andere nach seiner eigenen, ihm natürlichen Weise, ohne den mindesten Zwang lieben solle — ich mit Enthusiasmus, weil meine Natur es so mit sich bringt, sie ohne Enthusiasmus, aus gleichem Grunde. Ich weissagte ihr, sie würde noch so gut Enthusiast werden, als ich; sie zweifelte und sagte, sie wünsche es, um mich glücklich machen zu können."

Lebhaft beschäftigte sich Wieland oft mit dem Gedanken an eine eheliche Verbindung. Er gestand, alles in der Welt, was nicht mit den Grundsätzen der Rechtlichkeit streite, unbedenklich thun zu wollen, wenn er dadurch zu Juliens Besitz gelangen könnte. „Sie würde," schrieb er, „mich unaussprechlich glücklich machen. Aber ich sehe keine Möglichkeit. Ich müßte auf eine sehr anständige und vorteilhafte Art etablirt seyn, wenn ich berechtigt seyn sollte, eine solche Prätension zu machen, und bisher ist kein Anschein zu einem solchen Etablissement." Worauf sich Wielands Wünsche beschränkten, schilderte er in einem seiner damaligen Briefe mit den Worten: „Ich bin nicht für das gemacht, was man Welt nennt. Alle ihre Ergötzlichkeiten sind innere Plagen für mich, obgleich ich aus Gewohnheit daran Antheil nehme und vergnügt dabei scheine. Freiheit, Muße, Einsamkeit, ein Freund und eine Freundin bei mir — das ist die Situation, nach der mich dürstet, und zu der ich nie gelangen werde."

Das Städtchen Zopfingen, im Kanton Bern gelegen, hielten Wielands Freunde für den passendsten Ort, um, wie er damals willens war, eine mit einer Buchdruckerei verbundene Buchhandlung zu errichten. Während er sich auf diese Weise einen anständigen Unterhalt zu verschaffen hoffte, wollte er zugleich auf die Bildung seiner Zeitgenossen kräftig einwirken durch interessante Verlagsartikel, zu denen er vorzüglich Uebersetzungen der Classiker, des Virgil, Horaz, Xenophon, Theokrit u.a. seiner Lieblingsschriftsteller rechnete. Auch durch einzelne Stücke aus der Philosophie und schönen Literatur hoffte er das Interesse des Publikums zu fesseln. Die bessern Köpfe Deutschlands für eine periodische Schrift zu gewinnen, war ein Gedanke, der, schon früher entstanden, wieder in ihm auftauchte. Wieland wollte in jenem Journal unter andern ein Gemälde des Menschen entwerfen, nach den verschiedenen Nüancen, die er durch das Klima, die Religion, Staatseinrichtung u.s.w. erhalte; er wollte zeigen, daß der Mensch gebildet werden müsse, und daß die meisten Gesetzgeber und Moralisten sich bisher auf diese Kunst nicht gar zu wohl verstanden hätten. Auch Biographieen und Charakteristiken ausgezeichneter Männer des Alterthums sollten in seinem Journal einen Platz finden.

Mehrere Aufsätze, die er für seine Zeitschrift bestimmt, hatte Wieland theils ausgearbeitet, theils den Plan dazu entworfen, als ein Brief seiner Mutter ihn mit der Nachricht einer bestimmten Anstellung zu Biberach überraschte. Seiner Vaterstadt, von der er acht Jahre getrennt gewesen, in dem ihm angewiesenen Wirkungskreis so viel als möglich zu nützen, war der feste Entschluß, mit welchem Wieland am 20. März 1760 die Schweiz und seine dortigen Freunde verließ, in dankbarer Rückerinnerung an die frohen Jahre, die er in ihrer Mitte verlebt hatte. Schmerzlich war ihm vor allen der Abschied von Julie Bondeli. Nur die Hoffnung ihres Besitzes konnte ihn trösten.

Mit nicht zu grellen Farben hatte Wieland, noch vor seiner Abreise aus der Schweiz, einigen seiner Freunde die Verhältnisse geschildert, die ihn in seiner Vaterstadt erwarteten. Zum ersten Male mußte er, so fremd dies auch seiner Natur war, eine Rolle spielen in den mannigfachen politischen Intriguen, welche die Wahl eines Bürgermeisters in Biberach herbeiführte. Wieland hatte dort die ziemlich einträgliche Stelle eines Kanzleidirectors erhalten. Abgesehen davon, daß dies Amt seinen Neigungen durchaus nicht entsprach, fürchtete er bereits nach zwei Jahren jene Stelle wieder zu verlieren durch einen langwierigen Prozeß zwischen den evangelischen und katholischen Rathsmitgliedern seiner Vaterstadt. Von dem Wankelmuth seiner Freunde und Gönner machte Wieland die trübsten Erfahrungen. Mehrere seiner damaligen Briefe enthielten rührende Geständnisse seiner unsichern Lage und seiner durch heftige Gemütsbewegungen sehr erschütterten Gesundheit. Mit Schmerz ergriff ihn der oft wiederkehrende Gedanke, was er in einer andern Stellung, in Verhältnissen, die den Musen günstiger wären, hätte leisten können. In einem Briefe vom 16. März 1763 äußerte Wieland: „Ich möchte zuweilen eine Satyre wider die beste Welt schreiben, wenn ich mir vorstelle, daß kein anderer Platz in der Welt für mich seyn soll, als eine Stadtschreiber-, Consulenten- und Rathsherrnstelle in diesem kleinen schwäbischen Reichsstädtchen. Denn es ist noch nicht entschieden, welche von diesen drei Personen, die sich ungefähr gleich gut für mich schicken, ich noch werde vorstellen müssen."

In so trauriger Lage trat oft die Erinnerung an die Vergangenheit und an seinen Aufenthalt in der

Schweiz vor Wielands Seele. Rastlos sann er auf Mittel, sich aus Verhältnissen zu befreien, die seinen Neigungen so wenig entsprachen, und ihm unsäglichen Verdruß bereiteten. Mitunter kam ihm die Idee, um eine Professur an einem Gymnasium in Berlin, Breslau, Gotha oder andern bedeutenden Orten sich zu bewerben. Die Einkünfte einer solchen Stelle, meinte Wieland, wären zwar gering, aber dafür sei ihm desto mehr Muße gegönnt, und er könne arbeiten, was er wollte. Selbst die spärliche Zeit, die ihm in Biberach seine Amtsgeschäfte gönnten, konnte er nicht so nützlich, als er wohl gewünscht hatte, für sich verwenden. Ueberall stieß er auf Hindernisse, die sich seiner höhern Ausbildung entgegenstellten. Am schmerzlichsten fühlte er in seiner Vaterstadt den Mangel einer bedeutenden Bibliothek.

„Hier gehen meine Talente für das Publikum verloren," klagte Wieland in einem Briefe an Zimmermann. „Unter solchen Zerstreuungen, bei einem solchen Amte, ohne Aufmunterung, was kann ich da thun? Wenn ich auch Zeit und Gemüthsruhe und Muth genug hätte, etwas zu unternehmen, so verbietet mir der einzige Umstand, daß wir keine Bibliotheken haben, alle Unternehmungen von Wichtigkeit. Ich bin genöthigt, immer aus mir selbst herauszuspinnen. Es sind schon viele Jahre her, daß ich mit einer philosophischen Geschichte nach einem besondern Plan schwanger gehe. Die Art, wie ich nunmehr ein solches Werk ausführen würde, dürfte es zu einem nützlichen und angenehmen, vielleicht unentbehrlichen Buche machen. Ohne eine Bibliothek von den vollständigsten und kostbarsten Büchern zur Hand zu haben, ist an ein solches Werk nicht zu denken. Sollte es nicht

Schade seyn, daß es nur darum unterbleiben soll, weil ich zu Biberach und nicht in Berlin oder an einem andern Orte bin, wo eine öffentliche Büchersammlung mir die Folianten und Quartanten darbietet, die man bei einer solchen Arbeit alle Augenblicke zum Nachschlagen braucht?"

Unter solchen Umständen blieb ihm kein Trost, als zu seinen trocknen und verdrießlichen Amtsarbeiten wieder zurückzukehren. Er unterzog sich diesen Arbeiten mit einer seltenen Ausdauer und Gewandtheit, die jedoch keine andere Folge für ihn hatte, als daß seine erprobte Thätigkeit noch mehr und fast übermäßig in Anspruch genommen ward. Oft fand ihn die Mitternacht noch an seinem Schreibtisch, wo er den Concipienten und den Copisten in Einer Person vorstellen mußte, als sich die Arbeiten häuften. Dies war vorzüglich 1764 der Fall, wo der früher erwähnte Proceß durch zwei kaiserliche Commissarien, die aus Wien nach Biberach gekommen waren, gütlich ausgeglichen ward.

Den Gedanken an eine eheliche Verbindung mit Julie Bondeli hatte Wieland aufgegeben. Beide schienen sich in dem, was sie eigentlich für einander fühlten, getäuscht zu haben. In ihrem Verhältnisse war eine Spannung eingetreten, welche Juliens Eifersucht veranlaßt, und Wielands Reizbarkeit bis zu einem so hohen Grade gesteigert hatte, daß ein völliger Bruch fast unvermeidlich schien. In einem Briefe an Zimmermann rechtfertigte sich Wieland gegen allerlei Beschuldigungen, die, wie er äußerte, „nur durch Niedrigkeit und Bosheit ihm hätten angedichtet werden können." Ungeachtet mancher sehr leidenschaftlicher Aeußerungen, die ihm sein Unmuth über Juliens Benehmen eingab, blickte doch auch wieder das Gefühl noch nicht ganz erloschener Zärtlichkeit aus mehreren Stellen seines Briefes hervor. Entschlossen äußerte er jedoch am Schlusse seines Schreibens: „Ich werde allein bleiben, und so lange es Gott gefällt, ein Leben fortschleppen, das bei einer ununterbrochenen Folge von Unannehmlichkeiten, ohne Beimischung eines wahren Vergnügens, kurz genug seyn wird."

Eine ruhige Ueberlegung mußte ihm sagen, daß es ein bedenklicher Schritt sei, in seiner damaligen Lage sich zu verheirathen. Ungeschwächt erhielt sich jedoch Zeitlebens ein herzliches Freundschaftsverhältniß zwischen Wieland und Julie Bondeli. „Den Beweis einer höhern für ihn sorgenden Vorsehung" glaubte Wieland, nach seiner eignen Aeußerung, in dem Zusammentreffen mannigfacher Umstände zu finden, die für sein Lebensschicksal entscheidend wurden. In dem kaum eine Stunde von Biberach entfernten Marktflecken Warthausen lernte Wieland den Grafen von Stadion kennen, in dessen nächster Umgebung er den Churmainzischen Hofrath de la Roche, den Gatten seiner geliebten Sophie fand. Nach einem Raum von zehn Jahren begegnete ihm auf seinem Lebenswege seine ehemalige Braut, die ihm nun mit der innigsten herzlichsten Freundschaft entgegenkam. Ein gleicher Empfang ward ihm auch von ihrem Gatten zu Theil, einem vielseitig gebildeten Manne, der sich in seinen „Briefen über das Mönchswesen", auch als Schriftsteller von einer beachtenswerthen Seite gezeigt hatte. Wielands Charakter gereichte es zur Ehre, daß er in mehreren Briefen unpartheiisch die Verdienste eines Mannes anerkannte, der ihm seine Geliebte entrissen hatte.

Zu dem geselligen Kreise, in welchen Wieland eingetreten war, gehörten, außer den bereits genannten Personen, des Grafen Stadion älteste Tochter, eine Gräfin v. Schall und deren Schwester, eine Stiftsdame in Buchau. Sehr wohl fühlte sich Wieland, wenn er von Biberach, wo er durchaus keine angemessene Gesellschaft fand, nach Warthausen eilte, um dort einige Tage zuzubringen. Für Geist und Herz fand er in seinen neuen Umgebungen volle Befriedigung. Fleißig benutzte er die an literarischen Schätzen reiche Bibliothek des Grafen Stadion. Hatte Wieland den Morgen sich mit dieser Büchersammlung beschäftigt, so unternahm er einen Spaziergang durch die reizende Umgegend, bis ihn die Tafel zu einem köstlichen Mahle einlud. Lesen und Gespräche der verschiedensten Art verkürzten ihm den übrigen Theil des Tages, welchen Abends gewöhnlich eine musikalische Unterhaltung beschloß.

Was Wieland jenem Kreise besonders verdankte, war die Erweiterung seiner Welt- und Menschenkenntniß, die durch sein zurückgezogenes Leben in Biberach, wo er den größten Theil des Tages an seinen Actentisch gefesselt war, nicht sonderlich hatte gefördert werden können. Der feine Weltton trat ihm in dem Umgange mit geistreichen Männern und liebenswürdigen Frauen überall entgegen, zu einer Zeit, wo er in das praktische Leben eingetreten und zu der Ueberzeugung gekommen war, daß er, von den Träumen seiner Phantasie befangen, sich die Wirklichkeit ganz anders gedacht, als er sie jetzt fand.

Nach jenem freundlichen Asyl zog ihn aber auch seine Jugendgeliebte, die sich noch immer den frühern Platz in seinem Herzen bewahrt zu haben schien.

Reizbar und für Liebe empfänglich, mochte es ihm manchen Kampf kosten, das äußerst zarte Verhältniß zu Sophien in der Reinheit zu bewahren, wie es sich, glaubwürdigen Zeugnissen zufolge, fortwährend erhielt. Wieland war sogar fähig, mit seiner Liebe und über sie zu scherzen, was er unter andern in einem Briefe that, in welchem er mit der feinsten, gegen sich selbst gerichteten Ironie, Sophien eine Art von Liebeserklärung machte. In einem freundschaftlichen Verhältnisse stand er mit ihrem Gatten, der sich, ohne die merkwürdige Veränderung, die in Wielands ganzem Wesen vorgegangen war, schwerlich so innig an ihn angeschlossen haben würde. In einem damaligen Briefe gestand Wieland, daß er nichts von dem mehr sei, was er gewesen, „weder Enthusiast, noch Hexametrist, noch Ascet, Prophet und Mystiker. Seit geraumer Zeit sei er von alle dem zurückgekommen, und befände sich ganz natürlich auf dem Punkte, von dem er vor zehn Jahren ausgegangen."

An seinen Freund Zimmermann schrieb Wieland darüber: „Was am meisten dazu beigetragen hat, diese Verwandlung, oder, wenn Sie wollen, diese Herstellung meiner ursprünglichen Gestalt, woraus die Magie des Enthusiasmus mich verdrängt hatte, zu bewirken, das war hauptsächlich die Unzahl von Misgeschick, Noth und Plagen, die mich seit der Rückkehr in mein Vaterland verfolgte. Da fühlte ich das Nichts all' der großen Worte, all' der glänzenden Phantome, die in einer süßen Einsamkeit oder an der Seite einer Gyon oder Rowe so verführerische Reize haben für ein empfindsames Herz, wie das meinige, und für eine Einbildungskraft, die um so thätiger war, da sie mich für alles, was den Sinnen abging, entschädigen mußte."

Zu einer heitern und ruhigen Gemüthsstimmung konnte gleichwohl Wieland noch immer nicht gelangen, seit er, wie er sich in einem seiner Briefe darüber ausdrückte, "aus den Wolken auf die Erde herabgestiegen" oder mit andern Worten seine idealen Träume mit der rauhen Wirklichkeit vertauscht hatte. Seine Lage, seine Geschäfte waren geeignet, seinen Unmuth zu nähren und zu steigern. Vergebens suchte er Trost in dem Studium der Philosophie, das ihn damals ernsthaft beschäftigte. Er wandte sich wieder zu poetischen Schöpfungen, und entwarf zu einer Zeit, wo seine Verstimmung den höchsten Grad erreicht zu haben schien, den Plan zu seinem Roman "Agathon." Die Vollendung dieses Werks erfreute ihn, weil er dadurch zu der Ueberzeugung gelangte, daß die Schwungkraft seines Geistes noch nicht so gelähmt wäre, als er geglaubt hatte. Die erste Idee zu seinem Roman hatte ihm der "Ion" des Euripides gegeben. Aber Wieland hatte in seinem Helden sich selbst geschildert, nicht blos dem Charakter, sondern auch den Hauptsituationen und dem ganzen Streben nach. Mit Grund konnte er daher in einem seiner Briefe behaupten: "Agathon sei eine wirkliche Person, die er vor allen am genauesten kenne." Nur die Nebenumstände hatte er erfunden. Agathon's Seelengeschichte war im Wesentlichen Wielands eigene, und eine der treuesten Selbstschilderungen.

Noch ehe die vier Theile des "Agathon" vollständig erschienen, hatte Wieland einen andern Roman, den "Don Sylvio von Rosalva" herausgegeben. Nach seinem eignen Geständnisse war die Beschäftigung mit diesem satyrischen Roman das einzige Mittel gewesen, ihn zu erheitern zu einer Zeit, wo Mißgeschick, Plagen und schmerzliche Empfindungen von allen Seiten auf ihn eingedrungen waren. Durch die Schilderung ergötzlicher Thorheiten suchte Wieland das Gefühl seiner Uebel zu mildern und abzustumpfen. Cervantes war damals sein Lieblingsschriftsteller. Durch das wiederholte Lesen des „Don Quixote" kam ihm die Idee, nach jenem Muster die herrschenden Modethorheiten zu verspotten, und besonders dem Aberglauben einen tödtlichen Stoß zu versetzen.

Eine seiner wichtigen literarischen Arbeiten war die von ihm unternommene Uebersetzung Shakspeares. Sie erschien in den Jahren 1762–1768 zu Zürich in acht Octavbänden. Schon während seines dortigen Aufenthalts hatte Wieland den großen brittischen Dichter näher kennen gelernt. Die Bibliothek des Grafen Stadion in Warthausen bot ihm die Hülfsmittel dar, jenen Dichter auch in Deutschland, wo man ihn bisher noch wenig kannte, durch eine Uebersetzung einzuführen. Es war ein kühnes Unternehmen, dessen Wichtigkeit er wohl nicht ganz erwogen haben mochte, als er nach seinen Aeußerungen in der Vorrede zu seiner Uebersetzung „jene Arbeit mitten unter allen Arten von Geschäften und Zerstreuungen fortsetzen zu können glaubte." Für Wielands Geist war diese Beschäftigung von dem günstigsten Einfluß. Mit gereifterer Weltanschauung, die ihm durch den großen Britten geworden war, neigte er sich immer mehr zur romantischen Poesie. In Shakspeare's Humor glaubte er den Hauptgrund zu finden, weshalb dieser Schriftsteller, ungeachtet Sprache, Sitten und Geschmack seit der Zeit, in der er lebte, sich wesentlich verändert, doch noch immer unter seinen Landsleuten den Reiz der Neuheit behalten habe und für sie noch immer weit anziehender sei, „als alle neuern Schriftsteller, die nach französischen Modellen gearbeitet hätten."

Die durch Shakspeare zuerst in Wieland geweckte Vorliebe für das Humoristische erhielt neue Nahrung durch einen andern englischen Autor. Es war Sterne oder Yorik, wie er sich auf dem Titel einiger seiner Schriften nannte. Fast noch von keinem Werke war Wieland so ergriffen worden, als von dem unter dem Titel: „Tristram Shandy's Leben und Meinungen" damals erschienenen Roman jenes Schriftstellers. Noch in spätern Jahren war Wieland unerschöpflich im Lobe jenes Werks.

Seine äußern Lebensverhältnisse hatten sich allmälig günstiger gestaltet. 1764 war er zum wirklichen Kanzleidirector ernannt worden. Mannigfachen Verdrießlichkeiten und lästigen Arbeiten überhoben, schien seine Existenz im Wesentlichen mehr gesichert zu seyn, als früher. Wie er sein Verhältniß als Stadtschreiber in Biberach betrachtete, schilderte er in einem Briefe an den Buchhändler Geßner in Zürich, dem er zugleich meldete, daß er nicht abgeneigt sei, sich nächstens zu verheirathen.

„Ich habe nun," schrieb Wieland, „auf all' mein Lebelang ein zwar ziemlich mühseliges, aber doch einträgliches und honorables Amt — ein Umstand, der allezeit die Basis von meiner Ruhe ausmacht, und mich über die niederschlagenden Nahrungssorgen hinwegsetzt. Nun geht mir von den Bedürfnissen des menschlichen Lebens nichts ab, als ein Weib, und da ich durch den Tod meines Bruders die Ehre habe, der

Einzige von meiner Familie zu seyn, so werde ich von meinen lieben alten Eltern über diesen Punkt so sehr in die Enge getrieben, daß ich bald genöthigt seyn werde, in die ganze Welt um ein Weib auszuschreiben. Hier findet sich keine für mich, denn ich sollte eine hübsche, gescheidte, muntere, und wo möglich eine reiche Frau haben, und die drei oder vier Jungfrauen, welche hier, Standes halber, ein Recht an mich haben könnten, sind nicht für mich. Ich wollte, daß sich in den dreizehn hochlöblichen Kantonen ein artiges Mädchen fände, das so viel christliche Liebe hätte, einen ehrlichen Biberachschen Kanzleidirector, der ganz hübsche Verse macht, von seinem Amt ungefähr tausend Gulden Einkünfte und die zärtlichste Seele von der Welt hat, glücklich zu machen. Wenn Sie ein solches Mädchen wissen, lieber Freund, so recommandiren Sie mich, ich bitte gar schön."

Am 7. November 1765 meldete Wieland seine Vermählung. „Ich habe," schrieb er, „ein Weib genommen, oder eigentlicher zu reden, ein Weibchen: denn es ist ein kleines, wiewohl in meinen Augen ganz artiges, liebenswürdiges Geschöpf, das ich mir, ich weiß selbst nicht recht wie, von meinen Eltern und guten Freunden habe beilegen lassen." Wieland berichtete zugleich: seine Frau stamme aus einem Augsburger Kaufmannshause, das unter dem Namen Jakob Hillebrandt's selige Erben der merkantilischen Welt nicht unbekannt sei. „Meine Frau," schrieb Wieland, „hat wenig oder nichts von schimmernden Eigenschaften, auf welche ich, vermuthlich, weil ich Anlässe gehabt habe, ihrer satt zu werden, bei der Wahl einer Gattin nicht gesehen habe. Sie ist, mit Haller zu reden, gewählt für mein Herz, und meinen

Wünschen gleich — ein unschuldiges, von der Welt unangetastetes, sanftes, fröhliches, gefälliges Geschöpf, nicht so gar hübsch, aber doch hübsch genug für einen ehrlichen Mann, der gern eine Frau für sich selbst hat — eine Prätension, welche man bei den großen Schönheiten vergebens macht."

Mehrere seiner damaligen Briefe schilderten, wie glücklich sich Wieland nach seiner Verheirathung fühlte. Sehr richtig hatte er sich beurtheilt, als er meinte: „wenn er sich nur erst in seinem neuen Stande werde zurecht gesetzt haben, so sollten hoffentlich die Musen, falls sie anders jemals einen Antheil an den Geburten seines Gehirns gehabt, nichts dabei verlieren." Durch manche lästige Amtsarbeiten ward ihm die Poesie verleidet. Immer jedoch kehrte er mit erneuter Liebe wieder zu ihr zurück. Mehrere seiner damaligen literarischen Erzeugnisse entstanden auf dem Rathhause, in der Kanzleistube, mitten unter dem Andrang der lästigsten und trockensten Amtsgeschäfte. Die Fruchtbarkeit seines Geistes war nie größer gewesen, als in dieser Periode seines Lebens. Außer der Vollendung des „Agathon" schrieb Wieland damals seine „Komischen Erzählungen" (das Urtheil des Paris, Endymion, Juno und Ganymed, Aurora und Cephalus). 1768 erschien sein Gedicht „Musarion", zwei Jahre später „Idris und Zenide"; hierauf die erste Hälfte des „Neuen Amadis" und ein Theil des Gedichts: „die Grazien." In einem Briefe an Geßner gestand Wieland: „der poetische Taumelgeist habe ihn so mächtig ergriffen, daß er seine Mußestunden nicht besser auszufüllen wisse, als mit Reimen."

Zu manchen poetischen Entwürfen, mit denen sich Wieland beschäftigte, gehörte die bald wieder aufgegebene Idee, Alexander den Großen zum Helden eines epischen Gedichts zu wählen. Länger verweilte er bei dem Entwurf eines Gedichts, welches unter dem Titel „Psyche" die reinste Blüthe der wahren Philosophie und zugleich eine „kritische Naturgeschichte unsrer Seele" enthalten sollte. Gegen den ihm gemachten Vorwurf, in mehreren seiner Gedichte einen zu muthwilligen, sarkastischen Ton angestimmt zu haben, suchte sich Wieland zu rechtfertigen. „Ich gestehe", schrieb er, „die Ironie ist meine Lieblingsfigur, und ich schmeichle mir, einiges Talent dafür zu haben. Freilich ist's ein ziemlich gefährliches Talent; zum Glück aber hat mich die Natur mit einem guten und redlichen Herzen begabt. Mein Menschenhaß ist nur gemacht. Ich liebe von Natur die Menschheit und die Menschen, und wenn ich auch über die Gebrechen der Einen, und die Schwachheiten der Andern spotte, so geschieht's in der Regel freundlich und in der Absicht, ihnen scherzend heilsame Wahrheiten zu sagen, die man zuweilen geradezu nicht zu sagen pflegt."

Große Sensation erregte die Keckheit, womit Wieland den Platonismus in der Liebe, dem er früher gehuldigt hatte, mit allen Waffen des Witzes bekämpfte. Die Stimme der öffentlichen Kritik warnte vor der Tendenz seiner Schriften, weil sie ein Gift enthielten, das, je süßer, um so gefährlicher sei. Mit Bedauern sprach man von dem Mißbrauch seiner großen und seltenen Talente, und ging selbst so weit, ihn als einen Dichter zu bezeichnen, der die Liebe von der Wollust gar nicht mehr zu unterscheiden scheine. Wieland's „Agathon" war in Zürich verboten worden. Für den „Don Sylvio von Rosalva" hatte er in Ulm einen Verleger suchen müssen. Am härtesten lauteten die ziemlich übereinstimmenden Urtheile über Wielands „Komische Erzählungen."

Fast noch schmerzlicher, als die öffentliche Mißbilligung seiner Schriften, war für Wieland der Gedanke, in der guten Meinung seiner Freunde gesunken zu seyn. Er, der einst so warm der Tugend und Religion das Wort geredet hatte, schien jetzt ein Epikuräer und Skeptiker. Von dem Dichter schloß man zurück auf den Menschen. Seine wärmsten Freunde, unter andern Zimmermann, schienen den nachtheiligen Gerüchten, die sich über Wielands sittlichen Wandel verbreiteten, nicht allen Glauben zu versagen. In einem Briefe an Julie Bondeli rechtfertigte sich Wieland gegen die ihn getroffenen Beschuldigungen. „Ich war", schrieb er, „ehemals Enthusiast in Ansehung der Religion, der Metaphysik und Moral, und ich war es ganz aufrichtig. So war damals meine Art zu seyn, oder das Resultat von hunderttausend physischen und moralischen Ursachen. Hab ich nun aber auch in Einem Sinne aufgehört, Enthusiast zu seyn, so bin ich doch nicht weniger ein Freund der Wahrheit, und finde die Tugend nicht weniger liebenswürdig, wenn ich gleich nicht mehr an die Präexistenz der Seele glaube, und beim Bilde eines rosenfarbnen Seraphs mit Flügeln von Gold und Azur nicht mehr verzückt werde. Solche erkünstelte Speculationen sind nichts als Stelzen, auf denen die menschliche Eitelkeit gern einherschreitet, angenehme Hirngespinste, woran wollüstige Seelen sich ergötzen. Ich mußte entweder meinen Platonismus reformiren, oder eine Einsiedelei in Tyrol aufsuchen, um da zu leben. Die Erfahrung hat mir einen Wahn nach dem andern genommen, und endlich kam ich in's Gleichgewicht. Ich hoffe, Sie zu überzeugen, daß ich stets, selbst bei meinen Fehlern, den Charakter eines Biedermannes behauptet habe. Für ein Tugendmuster hab' ich mich nie gehalten. Man wird finden, daß mein Geist zwar zuweilen thöricht, mein Herz aber immer gut war. Man hält mich für einen Libertin, und giebt mir eine Menge Maitressen. Die Wahrheit ist, daß ich in freund- und verwandtschaftlichen Verhältnissen mit zwei oder drei Damen stehe, die nicht ihrer Gestalt, sondern ihrer Verdienste wegen, Achtung verdienen, und daß ich einige flüchtige Neigungen für junge Personen gehabt habe, die ich heirathen sollte, ich weiß nicht warum. Alle meine Liebschaften — und ich habe deren seit meinem siebzehnten Jahre wenigstens ein volles Dutzend gehabt, — haben mir große Pein verursacht. Sie waren alle von der Art, die man passions nennt; alle meine Geliebten waren Göttinnen, die ich anbetete, und ich habe wohl einigemal die platonische Liebe bis zu einem Heroismus getrieben, dessen ich mich nicht mehr fähig fühle. Vergesse man doch endlich diese moralischen Donquiroterien meiner Jugend! Wenn sich ernste und strenge Personen verwundern, mich als den Verfasser meiner neuen Werke zu sehen, so bin ich zu beklagen; sie können mich schelten, aber sie sollen nicht so weit gehen, deshalb nachtheilig zu denken von meinen Sitten und von meinem Charakter."

Mit dem innern Bewußtsein der moralischen Reinheit seiner Gefühle mußte sich Wieland trösten, als ihn der grundlose Verdacht traf, der Unmäßigkeit und Wollust ergeben zu seyn. War ihm auch der Platonismus in der Liebe verdächtig geworden, so konnte er doch für keinen Epikuräer im schlimmsten Sinne des Worts gelten. Daß er in seinen neuen poetischen Werken der Sinnlichkeit das Wort zu reden schien, war ein bloßes Spiel seiner Phantasie. Er dachte sich nichts Arges bei den ihm zur Last gelegten Schilderungen, die ihm unter beschwerlichen Amtsgeschäften Trost und Erheitrung gewährten. Keinen unwesentlichen Antheil an der Tendenz seiner damaligen Producte hatte auch die Wahl seiner Lectüre. Lucian, Horaz, Cervantes, Ariost und besonders Sterne, waren seine Lieblingsschriftsteller.

An der Seite seiner Gattin Dorothea Hillenbrandt fühlte Wieland sich sehr glücklich, obgleich sie, seinem eignen Geständniß nach, keine „Musarion" war. In einem Raum von funfzehn Jahren hatte er so manche Erfahrungen in der Liebe gemacht, daß er sie wohl im Stillen einer Musterung für werth hielt. Schon in früherer Zeit hatte Wieland den Plan entworfen, eine „philosophische Geschichte der Liebe" zu schreiben. Dieser Plan blieb unausgeführt; aber er bot ihm den Stoff zu seinem Gedicht „Idris und Zenide," in welchem er beabsichtigte, die verschiedenen Arten der Liebe gegen einander in Contrast zu stellen, und zu diesem Behuf verschiedene Charaktere in eigentümlichen Situationen sich entwickeln zu lassen. Im Wesentlichen unverändert kehrte die Idee, die dem erwähnten Gedicht Wielands zu Grunde lag, in seinem „Neuen Amadis" wieder, mit dem er sich gleichzeitig beschäftigte. Ariost's rasender Roland war sein Vorbild. Den Sieg der Natur über die Schwärmerei, der Wahrheit über die Heuchelei zu verherrlichen, war nach Wielands eignen Worten die Aufgabe, die er sich bei seinem „Neuen Amadis" stellte. Von dem Muster, das ihm bei diesem Gedicht vorgeschwebt hatte, entfernte er sich in seinen „Grazien." Nach seinen eignen Aeußerungen wollte er in diesem Gedicht „den Uebergang des Menschen aus dem Naturstande zur Stufe einer verfeinerten Bildung" schildern.

Von dem Eindruck, den seine Schriften auf das Publikum machten, erfuhr Niemand weniger, als Wieland selbst. Aus den öffentlichen Kritiken, die oft parteiisch und befangen waren, konnte er jenen Eindruck nicht kennen lernen. Es lag aber auch in seinen Verhältnissen, daß er überhaupt mit dem Gange der Literatur unbekannt blieb. Die meiste Zeit brachte er in der Kanzlei, in den Rathssessionen und an seinem Actentisch zu, ohne am Abend eine andere Gesellschaft zu finden, als an einem Kartentisch oder in häuslichen Cirkeln, wo er seine Literaturkenntniß eben nicht sonderlich erweitern konnte. Durch Gewohnheit fühlte er sich nicht unbehaglich in diesem einförmigen Lebenskreise, und aus seiner scheinbaren Verstimmung blickte oft ein unverwüstlicher Humor hervor. „Wenn ich," schrieb er, „auch zuweilen schwermüthig werde, und mit dem Strumpfband in der Hand mich nach einem tauglichen Nagel umzusehen anfange, so besinne ich mich doch allemal so lange, bis wieder nichts daraus wird — ein überzeugender Beweis, daß ich noch etwas in meinem Zustande finde, das der Versuchung, mich aufzuhängen, wenigstens das Gleichgewicht hält."

Diese Zeilen hatte Wieland noch vor seiner Verheirathung geschrieben. Seine sehr glückliche Ehe zeigte ihm auch seine Amtsverhältnisse, so bitter er sich auch oft darüber beklagt hatte, in einem minder ungünstigen Lichte. In einem seiner damaligen Briefe bat er einen Freund, „sich die Sache nicht so gar gräßlich vorzustellen." Ueber die Nachmittage, äußerte Wieland, könne er frei disponiren, und seine Geschäfte gingen ihm leicht von der Hand. „Dafür bin ich aber auch," fügte er hinzu, „einer der expeditivsten Leute im ganzen Schwabenlande. Nur ein kleines Tusculanum geht mir noch ab, und bis ich erben werde (wozu in den nächsten zwanzig Jahren wenig Hoffnung ist) sehe ich auch keine Möglichkeit, eins zu bekommen. In Ermangelung dessen habe ich ganz nahe an der Stadt, aber doch in einem etwas einsamen Orte, ein artiges Gartenhaus gemiethet, wo ich die angenehmste Landaussicht von der Welt habe, und, so nahe es meinem Hause in der Stadt ist, doch völlig auf dem Lande bin. Hier bringe ich im Sommer meine meisten müssigen Stunden zu, solus cum sola, oder ganz allein mit den Musen, Faunen und Grasnymphen, deren ich von Zeit zu Zeit einige im Gesicht habe, welche auch den enthaltsamsten Einsiedler unversucht lassen würden. Ich rieche den lieblich erfrischenden Geruch des Heu's, ich sehe schneiden und Flachs bereiten. Auf der einen Seite erinnert mich aus der Ferne der Kirchhof, wo die Gebeine meiner Voreltern liegen, daß ich leben soll, so lange und gut ich kann; auf der andern Seite lockt mir ein durch Gebüsche halb verdeckter Galgen fernher den Wunsch ab, daß ein halb Dutzend Schurken, die ich ganz trotzig tête levée herumgehen sehe, daran hängen möchten. Ich sehe Mühlen, Dörfer, einzelne Höfe, ein langes angenehmes Thal, das sich mit einem zwischen Bäumen hervorragenden Dorfe mit einem schönen schneeweißen Kirchthurm endet, und über demselben eine Reihe ferner blauer Berge. Das zusammen macht eine Aussicht, über der ich alles, was mir unangenehm seyn kann, vergesse, und, mit diesem Prospect vor mir, sitze ich an einem kleinen Tisch, und — reime."

Wegen seiner Zukunft, wenn sich sein Blick dahin verirrte, konnte Wieland unbesorgt seyn. Durch Pünktlichkeit und unermüdete Berufstreue hatte er sich die Achtung und das Vertrauen seiner Obern erworben. Seine ökonomischen Verhältnisse überhoben ihn der Sorgen. Noch nie hatte sich der Wunsch in ihm geregt, seine Lage mit einer andern zu vertauschen. Er wußte es daher anfangs seinen Freunden wenig Dank, als sie ihm eine andere Stellung zu verschaffen suchten, die, wie sie glaubten, mit seinen Fähigkeiten und Neigungen mehr harmonirte.

Eine flüchtig hingeworfene Aeußerung Wielands, daß er nicht abgeneigt wäre, ein akademisches Lehramt zu bekleiden, hatte in dem Churmainzischen Minister v. Großschlag, der ihn in Warthausen kennen gelernt, die Idee geweckt, ihn nach Erfurt zu ziehen. Wieland schwankte eine Zeit lang, ob er dem an ihn ergangenen Rufe folgen sollte. Zufrieden mit seinen bisherigen Verhältnissen, fesselten ihn Familienverhältnisse, Eltern und Schwiegereltern an seine Vaterstadt Biberach. Er fürchtete außerdem von seiner neuen Lage manche Unannehmlichkeiten. Die Promotion war das Erste, was er zu umgehen wünschte. Magister zu werden, meinte Wieland, werde sich für ihn um so weniger schicken, da er „die Ehre habe, Comes Palatii Caesarei zu seyn, und vermöge seines Diploms selbst fähig sei, Meister der freien Künste zu creiren." Manche dieser Hindernisse räumte Wielands Freund, der Professor Riedel in Erfurt, hinweg. Was ihn hauptsächlich bestimmte, den Ruf nach Erfurt anzunehmen, war die Vorstellung, daß er dort die ersehnte Muße zu literarischen Arbeiten zu erlangen hoffte. Das Schreiben, in welchem ihm eine Professur der Philosophie mit dem Charakter eines Churfürstl. Mainzischen Regierungsraths und einem Gehalt von 600 Rthlrn. zugesichert worden war, enthielt zugleich die schmeichelhafte Aeußerung, daß sein Name das Hauptmotiv gewesen wäre, ihn nach Erfurt zu ziehen. Man sei, hieß es ausdrücklich in jenem Schreiben, „schon zufrieden, wenn er nur komme, sollte er auch gleich nichts anderes thun, als da seyn und machen, was ihm selbst gefalle." Diese Aussicht einer unbeschränkten literarischen Thätigkeit hatte so viel Lockendes für Wieland, daß er sich entschloß, den Ruf nach Erfurt anzunehmen, und der Magisterpromotion sich zu unterwerfen, so manches er auch, wie vorhin erwähnt, dagegen einzuwenden gehabt hatte.

In der letzten Zeit seines Aufenthalts in Biberach beschäftigten ihn mancherlei schriftstellerische Pläne, die er in Erfurt zu realisiren hoffte. Er wollte unter andern „Briefe über die Literatur" schreiben, und sie „in kleinen Bändchen in die Welt fliegen lassen." Die Muße, welche ihm seine Kanzleigeschäfte irgend gönnten, benutzte er zu einer Revision seiner poetischen Schriften, die damals neu gedruckt werden sollten. Längst zerfallen mit seinem früheren Freunde Bodmer, der sogar Spottgedichte gegen ihn gerichtet hatte, folgte Wieland, der schönen Vergangenheit sich dankbar erinnernd, nur den Eingebungen seines Herzens, als er jene Sammlung „seinen alten und ehrwürdigen Freunden, dem Herrn Kanonikus Breitinger und dem Herrn Professor Bodmer" mit einer für beide sehr schmeichelhaften Dedication widmete.

Am 1. Juni 1769 kam Wieland in Erfurt an, durch Hitze, Staub und andere Unannehmlichkeiten der Reise so gänzlich erschöpft, daß er, seinen eignen Aeußerungen nach, „einem Ritter von der traurigen Gestalt um einen großen Theil ähnlicher sah, als einem der sieben Weisen." Das Schicksal hatte ihn wieder in die Stadt zurückgeführt, wo er seine philosophischen Studien begonnen, doch damals durchaus keine Neigung zu einem akademischen Lehramt in sich verspürt hatte. Außer seinem Freunde Riedel fand er in Erfurt Meusel, Chr. H. Schmid, den Verfasser einer vielgelesenen Theorie der Dichtkunst, den eben so berühmten als berüchtigten Dr. Bahrdt u.A. Keiner von diesen talentvollen Köpfen hatte damals schon einen so festbegründeten literarischen Ruf, als Wieland, der von mehreren seiner Collegen schon deßhalb beneidet werden mochte. Vorzüglich fühlten sie sich verletzt durch seine Ernennung zum ersten Professor der Philosophie. Neue Nahrung erhielt ihre Mißgunst, als Wieland nach einem halben Jahre auch zum außerordentlichen Beisitzer des Collegii academici ernannt ward.

Auf seinen Freund, den Professor Riedel, beschränkte Wieland seinen Umgang. Mit den übrigen Lehrern der Erfurter Hochschule kam er in wenige Berührung. Den Freuden des geselligen Lebens, die nie besondern Reiz für ihn gehabt, sich in Erfurt fast gänzlich zu entziehen, ward ihm nicht schwer. Ersatz dafür bot ihm seine freundliche Gartenwohnung im Gasthofe zum Schwan, hinter dem Schottenkloster. Dies Asyl befriedigte in jeder Hinsicht seine mäßigen Wünsche. Er fühlte sich glücklich, seiner Familie, sich selbst und den Musen ungestörter leben zu können, als es seine Verhältnisse in Biberach gestattet hatten. Sein Lehramt eröffnete er mit Vorträgen über die Geschichte der Menschheit, nach einem bekannten Werke von Iselin über diesen Gegenstand. Späterhin hielt er Vorlesungen über die Geschichte der Philosophie, las über die allgemeine Theorie der schönen Künste, und erklärte einige Lustspiele des Aristophanes und die Briefe des Horaz. Auch gab er eine historisch-kritische Uebersicht der besten griechischen, lateinischen, italienischen, französischen und englischen Schriftsteller.

Am liebenswürdigsten zeigte sich Wieland in seinem Familienkreise. In einem Briefe an seine Freundin Sophie la Roche gestand er, daß er „das Vergnügen, mit seinen kleinen Kindern zu spielen, allem Vergnügen der Welt vorziehe." Das meinte er den Grazien zu verdanken, die überhaupt für ihn „sehr wesentliche Gottheiten" wären. Bei Uebersendung des unter diesem Namen von ihm verfaßten Gedichts, das er 1770 vollendet hatte, schrieb Wieland: „Die Grazien thun mir unendlich viel Gutes; sie geben meinen Gedichten Reiz, mir zuweilen Heiterkeit und noch öfter Zufriedenheit mit meinem Zustande; kurz, sie sind meine Schutzgöttinnen, und ich werde ihnen bis zum letzten Lebensaugenblicke dienen."

Nichts weniger als das Ideal eines Weisen, sollte der „Diogenes von Sinope" seyn, dessen „Dialogen" Wieland noch während des Sommers 1770 herausgegeben hatte. Auch ohne Lucians Vorliebe für diesen Sonderling, mußte schon für Wieland die Untersuchung Interesse haben, wie ein Mann wohl hätte seyn k ö n n e n , über den so seltsame und widersprechende Gerüchte herrschten. Seinem Helden gab Wieland weniger Cynismus und mehr ächte Lebensweisheit, als man ihm bisher gewöhnlich zugestanden hatte. Das kleine Werk, in welchem ernste und komische, sentimentale und satyrische Schilderungen abwechselten, empfahl sich besonders durch eine Basis von Sokratischer Philosophie.

In einem Briefe an seine Freundin Sophie la Roche gestand Wieland, daß er über manche Dinge, die sich auf den moralischen Theil der menschlichen Natur bezögen, nicht mehr so denke, wie ehemals, und z.B. die Clarisse'n, die Carl Grandison's und ähnliche Werke nicht liebe, aus dem einzigen Grunde, weil sie ihm zu vollkommen wären. „Vielleicht habe ich Unrecht," schrieb er; „sollte ich aber Recht haben, so spotte ich doch nicht über ihre Denkart. Ich halte vielmehr dafür, daß die Verschiedenheit der Ansichten der Dinge von der Natur herrührt, und ihr nicht weniger gemäß ist, als der Unterschied, den sie in den Gesichtern, in den Temperamenten, und in allem macht, was damit in Beziehung steht; und wofern die öffentliche Ruhe und das allgemeine Wohl nicht darunter leidet, behaupte ich, es müsse erlaubt seyn, daß der Eine für heilig halte, was dem Andern als sehr profan erscheint; daß der Eine mit d e m sein Spiel treibe, was der Andere für sehr ernst und wichtig nimmt u.s.w."

So suchte sich Wieland als humoristischer Schriftsteller, wofür er gelten wollte, und nach seinen Anlagen auch wohl gelten konnte, von den Fesseln zu befreien, die den Flug seines Geistes hemmten, und sich zugleich über den in seinen Schriften angestimmten Ton zu rechtfertigen, den die öffentliche Meinung mit der Würde eines Professors der Philosophie für nicht verträglich zu halten schien. Er äußerte sich darüber mit den Worten: „Man glaubt hier, die Geistesschwere, gewöhnlich Gravität genannt, sei eine wesentliche Eigenschaft eines akademischen Lehrers, und man kann oder will nicht sehen, daß ein Autor, der für das Publikum und für Menschen von Geist schreibt, nicht wie ein Schulmeister schreiben darf."

Dieser Aeußerungen ungeachtet, glaubte Wieland doch seinen Beruf als Professor auch in literarischer Hinsicht rechtfertigen zu müssen. Der Entwurf, eine „Geschichte des menschlichen Geistes" zu schreiben, die er dem Churfürsten von Mainz zueignen wollte, blieb zwar unausgeführt. Aber Bruchstücke einer solchen Geschichte waren gewissermaßen alle Werke Wielands, die in den Jahren 1770–1772 entstanden. Das Studium der Natur des Menschen ward sein angelegentlichstes Geschäft. In den Aufsätzen: „Was ist Wahrheit?" und „Welchen Zweck hat die Philosophie?" hatte er sich zwei wichtige Fragen vorgelegt, ohne sich jedoch einzubilden, daß er mit den kurzen Antworten, die er darauf gab, seinen Gegenstand erschöpft habe. Seinen „Betrachtungen über Rousseau's ursprünglichen Zustand des Menschen," fügte Wieland, gewissermaßen als Ergänzung, einen Aufsatz bei: „Ueber die Behauptung, daß ungehemmte Ausbildung der menschlichen Gattung nachtheilig sei." Den Contrast zwischen den von Rousseau geäußerten Ideen und der Beschaffenheit der menschlichen Natur wollte Wieland durch Beispiele noch anschaulicher machen. Zu diesem Behuf schrieb er außer einem Roman, „Koxkox oder Kikequetzel" betitelt, die „Reisen und Bekenntnisse des Priesters Abulfauaris."

Entschieden richtete sich Wielands Aufmerksamkeit damals auf einen Monarchen, dar mit mächtiger Hand die Fesseln zerbrechen zu wollen schien, welche bisher die Geistesfreiheit gelähmt hatten. Durch den Kaiser Joseph II. waren zugleich mit dem Jesuitenorden, die meisten Klöster in den österreichischen Staaten aufgehoben und dadurch die Gewalt des Mönchthums in mehrfacher Weise beschränkt worden. Damals (1773) schrieb Wieland seinen Roman: „der goldene Spiegel", den er dem als dramatischen Dichter nicht unbekannten Kaiserl. Staatsrath v. Gebler in Wien zueignete. In einem seiner damaligen Briefe an seine Freundin Sophie la Roche äußerte Wieland, daß er in seinem Roman mit einer nicht gewöhnlichen Unerschrockenheit den Großen der Erde einen Spiegel vorgehalten habe, der ihnen wahrlich nicht schmeichle. „Seyn Sie aber deshalb ohne Furcht", schrieb er. „Ich fürchte weder Bastille, noch Löwengrube, noch feurigen Ofen. Hab' ich auch nicht die Ueberzeugung, daß die Fürsten und Minister mich um meines Buchs willen mehr lieben werden, so bin ich doch gewiß, daß sie sich wohl hüten möchten, mir eine böse Miene darüber zu machen."

Ohne seine fast gänzliche Zurückgezogenheit und den anhaltendsten Fleiß hätte Wieland während seines dreijährigen Aufenthalts in Erfurt so viel als Schriftsteller nicht leisten können, wie er wirklich leistete. Ueberdies ward er oft unterbrochen in seinen literarischen Beschäftigungen theils durch Arbeiten, die ihm die churmainzische Regierung übertrug, theils durch Aufforderungen zu zweckmäßigen Vorschlägen, wie der Flor der Universität zu befördern seyn möchte. Unter diesen mannigfachen Geschäften war er nicht der Sorge überhoben, mit seiner Familie anständig leben zu können. Sein Gehalt war mäßig, und von seinen Vorlesungen, so zahlreich sie auch besucht wurden, hatte er wenig Gewinn. Auch ohne innern Trieb hätte er zur Feder greifen müssen. Nur von seinem anhaltenden Fleiß, nicht von der Gnade seines Fürsten, hoffte Wieland, nach seinen eigenen Aeußerungen, eine Verbesserung seiner Lage.

Einzelne Ausflüge nach Weimar mußten ihm Ersatz bieten für eine größere Reise, die weder seine beschränkte Zeit, noch seine pecuniären Verhältnisse erlaubten. Als ihm einst in Weimar Lessings „Emilie Galotti" in die Hände fiel, begeisterte ihn dies Trauerspiel zu einem von Lob überströmenden Briefe an Lessing. „Es war," äußerte Wieland, „das erste Schreiben, das ich an diesen großen Mann richtete." Literärische Bekanntschaften und Verbindungen anzuknüpfen, und zu Verfolgung schriftstellerischer Zwecke einen Briefwechsel zu unterhalten, fühlte Wieland kein Bedürfniß. Er hatte schon so viele literärische Pläne wieder aufgeben müssen, weil es ihm an Zeit fehlte, sie auszuführen. Der Kreis von auswärtigen Freunden, mit denen er in Briefwechsel stand, war daher sehr beschränkt. Er schrieb an wenige, meistens nur an solche, die sich zuerst an ihn gewendet hatten. In ein engeres Freundschaftsverhältniß war er mit Gleim und Jacobi getreten. „Beide," schrieb Wieland an Sophie la Roche, „gehören zu der kleinen Zahl der schönen Geister, die eine zu schöne Seele haben, um des Neides und der Eifersucht fähig zu seyn, und Sie wissen, daß solche zu den weißen Raben gehören." Zu dem Dichter Jacobi fühlte sich Wieland durch eine Art von Geistesverwandtschaft hingezogen. Er pflegte ihn seinen e i g e n e n Dichter zu nennen, und freute sich herzlich über seines Freundes Streben, in der Poesie das Ideal von Vollkommenheit zu erreichen, das vor seiner Seele schwebte.

In einem Briefe Jacobi's, welchem Wieland im März 1771 in Ehrenbreitenstein, wo er sich damals aufhielt, einen Besuch machte, hat sich eine Schilderung von Wielands Aeußeren und seiner Persönlichkeit in jener Periode seines Lebens erhalten. „Beim ersten Anblick," schrieb Jacobi, „schien mir seine Physiognomie nicht sehr bedeutend. Seine Augen sind klein und etwas trüb, und die Menge von Blatternarben, womit seine Haut überdeckt ist, machen, daß seine Züge nicht genug hervorstechen, um sich gehörig auszeichnen zu können. Nichts desto weniger drückt sich in seiner ganzen Gebehrde das Feuer seines Geistes und der Charakter seiner Empfindungsart auf eine außerordentliche und eigentümliche Weise aus. Wenn er stark gerührt ist, geräth sein ganzer Körper, doch auf eine fast unmerkliche Weise, in Bewegung; seine Muskeln dehnen sich aus; seine Augen werden heller und glänzender; sein Mund öffnet sich etwas; und so bleibt er in einer Art von Erstarrung, bis er einige Worte ausgesprochen, oder seinem Freunde die Hand gedrückt hat. Dieser Ausdruck in Wielands Person ist so fein, daß er den Meisten unbemerkt bleiben muß; ich aber bin davon mehr als einmal bis auf das Mark erschüttert worden. Wieland geht schnell von einem Vorwurf zum andern über, weil er in einem Nu eine Reihe von Gedanken oder eine Situation durchschaut und empfunden hat. Bei ihm würde es Zeitverderbniß seyn, wenn er länger dabei verweilte." Zu den Eigenschaften, die nach Jacobi's Ausdruck,

„Wielands Charakter eben so liebens- und verehrungswürdig machten, als sein Genie," rechnete Jacobi „die natürliche, schöne und männliche Empfindsamkeit seiner Seele; die unzerstörtere Güte seines Herzens; seine warme, uneigennützige, zu Neid und Eifersucht ihn ganz unfähig machende Liebe des Wahren und Schönen; seine ungeheuchelte Bescheidenheit und unglaubliche Aufrichtigkeit."

So innig, wie sein Freundschaftsbund mit Jacobi, ward keine von den Bekanntschaften, welche Wieland während eines damaligen Aufenthalts in Leipzig anknüpfte, wohin er auf kurze Zeit gereist war. Zu den Wenigen, an die er sich näher anschloß, gehörten Weiße und Garve, beide Gellerts Freunde, den er nicht mehr unter den Lebenden fand, aber zu nicht geringem Verdruß hören mußte, wie Jung und Alt sich bemühte, den gefeierten Dichter durch matte Lobgesänge zu verherrlichen. „Es war," schrieb Wieland, „ein entsetzliches Gesinge, Geplärre, Geseufze und Geheul." Weiße's liebenswürdiger Charakter zog ihn an. Er gehörte zu denen, meinte Wieland, mit denen er sein Leben zubringen möchte. In Garve verehrte er den Philosophen und scharfsinnigen Denker. Nur in geringe Berührung kam er mit Clodius, der ihn durch sein Talent für den gefälligen Umgang mehr interessirte, als durch seine Geistesvorzüge. Eine gewisse Seelenverwandtschaft kettete ihn an Oeser, den er in der Winklerschen Gemäldegallerie kennen gelernt hatte. In einem seiner damaligen Briefe gestand Wieland: „Unter allen Männern, deren Bekanntschaft ich in Leipzig gemacht, ist Oeser der, den ich am meisten nach meinem Herzen gefunden habe, eine schöne Seele, ein vortreffliches Herz, bei aller Einfachheit von außen, die sich an dem wahren Genie findet."

Entscheidend für Wielands späteres Leben ward ein Ausflug nach Weimar. Durch die dort angeknüpfte Bekanntschaft mit dem Grafen v. Görz hatte er das Glück, der verwittweten Herzogin Anna Amalia von Sachsen-Weimar vorgestellt zu werden. Seine Persönlichkeit und geistreiche Unterhaltung, verbunden mit dem literarischen Ruf, der ihm voranging, machten den günstigsten Eindruck auf jene, den Musen befreundete Fürstin. Die Herzogin Amalia übertrug ihm die Erziehung des damaligen Erbprinzen und nachherigen Herzogs Carl August. Nicht lange zuvor hatte Wieland Aussichten gehabt, nach Wien gerufen zu werden. Seine Hoffnung gründete sich auf das ziemlich allgemein verbreitete Gerücht: Joseph II. beabsichtige, die vorzüglichsten Geister der deutschen Nation in der Hauptstadt des deutschen Reichs zu vereinigen. Die Hoffnung, nach Wien zu kommen, gab Wieland auch da noch nicht ganz auf, als er bereits die Stelle eines Instructors des Erbprinzen von Sachsen-Weimar angenommen hatte. „Ich stehe nun," schrieb er, „in meinem vierzigsten Jahre, und wenn die Göttin Fortuna etwas für mich thun will, so ist's hohe Zeit; en attendant, und weil ich dieser Humoristin nicht sonderlich traue, bemühe ich mich, ne ipse desim mihi."

Die neuen Verhältnisse, in die er zu treten im Begriffe stand, überhoben ihn nicht gänzlich der Sorge für die Zukunft, oder eigentlicher gesagt, für seine Familie. Ihre Lage war unsicher; denn mit Wielands Tode erlosch die lebenslängliche Pension von 600 Thlrn., die ihm zugesichert worden war, wenn er nicht mehr Instructor des Erbprinzen seyn würde. Bis zu diesem Zeitpunkt, der mit dem 3. September 1775 herannahte, bezog er einen Jahrgehalt von 1000 Thlrn. Seine Einkünfte hatten sich nur für wenige Jahre verbessert. Durch seine Anstellung als Prinzenerzieher sah er jedoch einen früh gehegten Lieblingswunsch erfüllt, mit dem er sich schon während seines Aufenthalts in der Schweiz oft lebhaft beschäftigt hatte.

Dem Hofleben konnte Wieland, wenigstens anfangs, keinen Geschmack abgewinnen, obgleich die Fesseln, die es ihm anlegte, seinem eignen Geständniß nach, nichts weniger als drückend waren. Etwas Erfreuliches hatte für ihn aber doch die Nähe einer durch Geist und Herz ausgezeichneten Fürstin, deren vielseitig gebildeter Geschmack sie für alles Große und Schöne, für Wissenschaft und Kunst im weitesten Sinne des Worts, empfänglich machte. Darum versammelte sie gern einen Kreis feingebildeter Männer und Frauen um sich, und jedes Talent konnte sich in ihrer Nähe um so freier entwickeln, da Humanität und Herablassung zu den Hauptzügen ihres Charakters gehörten, wodurch sie sich allgemeine Liebe und Verehrung erwarb. An seinen fürstlichen Zögling, den Erbprinzen Carl August, der durch treffliche Anlagen und liebenswürdige Eigenschaften zu den schönsten Hoffnungen berechtigte, sah sich Wieland bald durch ein Band wechselseitiger Zuneigung immer inniger geknüpft. Das Interesse für das Wahre, Gute und Schöne in seinem fürstlichen Zögling zu wecken und zu nähren, war die Hauptaufgabe, die sich Wieland bei seinem Unterricht stellte. Ein Zeugniß davon gab er, als er den Geburtstag des Erbprinzen durch eine allegorische Dichtung in dramatischer Form, „die Wahl des Herkules" betitelt, feierte.

Wielands Interesse an der dramatischen Poesie ward genährt durch die Seylersche Schauspielergesellschaft, deren Mitglieder, zu denen der berühmte Eckhof gehörte, damals Vorstellungen in Weimar gaben, wo sich noch keine stehende Bühne befand. Weder den Dramen, noch den komischen Operetten, meistens französischen Mustern nachgebildet, konnte Wieland eigentlichen Geschmack abgewinnen, wenn er jenen Producten auch nicht geradezu allen Werth absprach. Eine größere Wirkung hoffte er von der bisher gänzlich vernachlässigten ernsten Oper. Schon in Erfurt hatte ihn dieser Gegenstand beschäftigt und ihm manche Erklärungen abgenöthigt, seit er seines Freundes Jacobi Cantaten und besonders dessen „Elysium" gelesen hatte.

Den Beifall, den ein damals von Wieland gedichtetes Singspiel „Aurora" fand, als es, von Schweizer componirt, aufgeführt ward, ermuthigte ihn zu einem größern musikalisch-dramatischen Versuche. So entstand Wielands Oper „Alceste," die im Mai 1773 zum ersten Mal aufgeführt ward. Gleichzeitig schrieb er seinen „Versuch über das Singspiel." Wielands Freude über die günstige Aufnahme seiner „Alceste" ward vermehrt, als der berühmte Gluck ihn aufforderte, für ihn eine ähnliche Oper zu schreiben.

Abgelenkt ward Wieland von der dramatischen Poesie durch ein literarisches Unternehmen, das seine Zeit und Kräfte fast übermäßig in Anspruch zu nehmen drohte. Der sehr beliebte Mercure de France gab ihm die Idee zur Herausgabe einer ähnlichen Zeitschrift, die unter dem Titel: „Der deutsche Merkur" erscheinen sollte. Wieland hoffte von diesem Journal eine weitverbreitete Wirkung auf seine Zeitgenossen, und versprach sich selbst davon für die Zukunft eine in ökonomischer Hinsicht gesicherte Lage. Nach seinem Plane sollten in jener Zeitschrift Gedichte und Aufsätze in Prosa von allgemeinem Interesse mit kritischen Uebersichten der neuesten Erscheinungen im Gebiet der Philosophie, Geschichte, Politik und schönen Literatur abwechseln. Die aufzunehmenden Recensionen sollten besonders auch dazu dienen, parteiische und unbillige Urtheile über die vorzüglichsten Schriften zu berichtigen. Wieland begann die Herausgabe des „deutschen Merkur," stieß jedoch bald auf nicht vorhergesehene Hindernisse. „Ohne die Beihülfe unserer besten Schriftsteller vermag ich nichts," gestand er in einem seiner Briefe. Unter den Mitarbeitern, die er für sein Journal zu gewinnen wünschte, waren Lessing, Herder, Garve, Möser u.A. zu beschäftigt mit eignen literarischen Arbeiten, um ihm eine ununterbrochene Theilnahme am „deutschen Merkur" zusichern zu können. Andere Schriftsteller, die ihm nützlich werden konnten, kannte er zu wenig; von mehreren wußte er kaum, wo sie lebten, oder welche Stellung sie behaupteten. Unter seinen nähern Freunden und Bekannten mußte er sich die Mitarbeiter für sein Journal wählen, welches ihm übrigens, da er nicht blos die Herausgabe, sondern auch den Verlag übernommen hatte, bald durch eine ausgebreitete Correspondenz und durch mannigfache Irrungen mit Papierhändlern, Druckern und Correctoren unsäglichen Verdruß bereitete. Seinem Freunde Jacobi gestand Wieland: „er sei des Merkurs schon satt, noch ehe er begonnen." Von den Sorgen der Geschäftsführung, für die es ihm durchaus an Talent fehlte, befreite ihn Bertuch, der nachherige Legationsrath und Besitzer des Industrie-Comptoirs in Weimar, welche damals sich der Erlernung des Buchhandels widmete, und ihm mit Rath und That hülfreich zur Seite stand.

Wieland's kühnste Erwartungen übertraf die Zahl der Abonnenten bald nach der Ankündigung des „deutschen Merkur." Eine Auflage von 2000 Exemplaren war in kurzer Zeit vergriffen, ungeachtet die innere Ausstattung des ersten Hefts sehr dürftig ausgefallen war. Außer Wieland und Jacobi hatte kein Schriftsteller von anerkanntem Werth einen Beitrag geliefert. Gotter, Bürger, Möser u.A. hatten sich anonym unterzeichnet. Es war aber weniger der Mangel an berühmten Namen, als die im „deutschen Merkur" enthaltene Kritik, was bald ein nachtheiliges Licht auf jene Zeitschrift warf, die so vielversprechend angekündigt worden war. Auf eine leidenschaftliche Gegenwirkung mußte Wieland gefaßt seyn, als er sich zu einem strengen Kunstrichter aufwarf. Schwerlich aber ahnte er das Schicksal, daß er durch seine Urtheile es mit allen Partheien auf einmal verderben und selbst mit denen zerfallen würde, die er für seine treusten Freunde hielt.

In manche Irrungen gerieth Wieland durch die Schärfe seiner Kritik mit den Halberstädter Dichtern, mit Gleim, Jacobi, Michaelis u.A. Die Göttinger poetische Blumenlese, zu welcher er selbst Beiträge geliefert, hatte er mit einer Strenge beurtheilt, durch welche der Herausgeber Boie sowohl, als die Mitarbeiten sich sehr verletzt fühlten. Es waren Bürger, Hölty, Voß, Miller, die Grafen Stolberg u.a. junge talentvolle Männer, die dem Göttinger Dichterbunde, der sich damals gebildet, angehörten. Völlig verscherzte Wieland die Achtung jenes Vereins, als sein Tadel auch die Bardenpoesie und den kühnen Dithyrambenton traf, den die Göttinger Dichter damals in einer Uebersetzung griechischer Chöre der alten Tragiker angestimmt hatten. Durch solche Bestrebungen meinte Wieland, werde die deutsche Poesie bald allen Wohlklang und überhaupt alle Wahrheit, Regelmäßigkeit, Anmuth und Eleganz verlieren. Hinsichtlich der Göttinger Dichter bemerkte er: „Sie scheinen sich vorgenommen zu haben, den Ausspruch des Demokrit, daß ein Poet rasen müsse, durch ihr Beispiel zu rechtfertigen; aber die poetische Wuth sollte doch, dächt' ich, nicht gar zu nahe an diejenige grenzen, die in die dunkle Stube führt." Durch solche Aeußerungen, und durch seinen Ausfall auf die Bardenpoesie, der zugleich den von den Göttingern hochverehrten Sänger der Messiade traf, hatte Wieland jene jungen Männer so gereizt, daß sie, als der Dichterbund am 2. Juli 1773 Klopstocks Geburtstag feierte, Wielands „Komische Erzählungen" den Flammen opferten.

Mit den Frankfurter Dichtern, die auf einem andern Wege, als die Göttinger, nach einer Nationalpoesie strebten, bei der ihnen Shakspeare als Muster galt, war Wieland durch eine Recension des „Götz von Berlichingen" zerfallen, die, wenn auch nicht von ihm selbst herrührend, doch einen Platz im „deutschen Merkur" gefunden hatte. Das gespannte Verhältniß, in welches er dadurch zu Goethe getreten war, der sein ausgezeichnetes und vielseitiges Talent bald nachher durch die „Leiden Werthers", das Trauerspiel „Clavigo" u.a. Schriften bewährte, ward noch gesteigert durch die von Wieland im deutschen Merkur erschienenen „Briefe über das Singspiel Alceste." Den Verfasser dieser Briefe wählte Goethe zum Gegenstande seiner aristophanischen Laune in der damals von ihm gedichteten Posse: „Götter, Helden und Wieland." Statt dadurch gereizt, sich zu der Parthei der Gegner Goethe's zu schlagen, die die gefährliche und sittenverderbliche Tendenz der „Leiden Werthers" hervorzuheben suchten, empfahl Wieland im „deutschen Merkur" die gegen ihn gerichtete Schrift „allen Liebhabern der pasquinischen Manier als ein Meisterstück von Persiflage und sophistischem Witze, der sich aus allen möglichen Standpunkten sorgfältig d e n auserwähle, aus dem ihm der Gegenstand schief vorkommen müsse, und sich dann recht herzlich lustig darüber mache, daß das Ding so schief sei." Dabei ließ Wieland es nicht bewenden. Auch eine früher versprochene Vertheidigung des „Götz von Berlichingen" hielt er nicht zurück und ließ sie bald nachher im „deutschen Merkur" drucken.

In der gerechten Anerkennung Goethe's, die er durch eine sehr ausführliche Beurtheilung des eben genannten Schauspiels gezeigt hatte, blieb Wieland sich gleich. Hinsichtlich der „Leiden Werthers" vertheidigte er in seiner Kritik den Verfasser jenes Romans gegen die Beschuldigung, dem Selbstmord das Wort geredet zu haben. Wieland nannte jenen Roman „das Gemälde eines innern Seelenkampfes, wie ihn nur d e r entwerfen könne, der den Schöpfer des Hamlet und des Othello studirt habe." So hatte sich Wieland wieder ausgesöhnt mit Goethe, der einer seiner gefährlichsten Gegner zu werden drohte. Aber auch den Angriffen derer, die die Klopstockische Bardenpoesie priesen, setzte er nichts entgegen, als einen gelegentlich angebrachten heitern Scherz. Auf diese Weise suchte Wieland allen seinen Gegnern gegenüber eine würdige Stellung zu behaupten.

Die Irrungen, in die er mit seinen Halberstädter Freunden, mit Gleim und Jacobi, gerathen war, wurden ausgeglichen, als Gleim zur Versöhnung die Hand bot. Er benutzte dazu eine Reise nach Weimar, wo das gestörte Freundschaftsverhältniß völlig wieder hergestellt ward. Auch mit einem Freunde Gleims, mit Heinse, war Wieland zerfallen. Er versöhnte sich aber mit ihm, als er Heinses Roman „Laidion" gelesen, und ganz bezaubert worden war von „dem schönen, abenteuerlichen Ungeheuer", wie er jenes Werk nannte.

Auf einen bisherigen Lieblingsgenuß, auf den Besuch des Theaters, hatte Wieland einstweilen verzichten müssen. Durch den Brand des Weimarischen Schlosses am 6. Mai 1774, hatte die Schauspielergesellschaft das Local zu ihren Vorstellungen eingebüßt, und war entlassen worden. Mit dem Schlusse des Jahres 1774 hatte das Erziehungsgeschäft, welchem sich Wieland bisher gewidmet, gänzlich aufgehört. Der Erbprinz Carl August und sein Bruder Constantin hatten, in Begleitung des Grafen v. Görz und des Majors v. Knebel, eine Reise durch einen Theil von Deutschland angetreten, und sich auch nach Frankreich begeben. Seit Wieland nicht mehr Instructor war, hatten sich seine Sorgen vermehrt. Durch verdoppelten literarischen Fleiß mußte er an eine Erweiterung seiner Einkünfte denken. Sein Familienkreis, zu welchem vier Töchter gehörten, war noch durch seine Mutter vergrößert worden, die bereits 1772, bald nach ihres Gatten Tode, zu Wieland nach Weimar gezogen war. Der mäßige Absatz des „deutschen Merkur" nöthigte ihm in einem seiner damaligen Briefe die Klage ab, daß er kaum im Stande sei, die Unkosten jenes Journals zu decken.

Zu den Sorgen für seine Subsistenz gesellte sich manche Kränkung seines Selbstgefühls. An Veranlagung zu Argwohn fehlte es ihm nicht. Ein satyrisches Drama, „Prometheus, Deukalion und seine Recensenten" betitelt, und von Wagner in Frankfurt am Main verfaßt, galt ziemlich allgemein für ein Werk Goethe's. Es erschien zu einer Zeit, wo Wieland von dem genannten Dichter einige Zeilen erhalten hatte, die auf ein freundliches Verhältniß hinzudeuten schienen. Gleichgültige Hintansetzung auf der einen Seite, und Versöhnung auf der andern, hielt Wieland in seinem Unmuth für das Loos, das ihm zu Theil geworden sei, so wenig er es verdient zu haben glaubte. „Nie hab' ich," schrieb er an Sophie la Roche, „mehr Liebe für einen Menschen gefühlt, als für den Verfasser des Götz und Werther. Seine Freundschaft würde mich glücklich machen. Aber er will nicht mein Freund seyn. Er will die Freude haben, vor der Welt sein Spiel mit mir zu treiben, und in die Art, wie er's thut, bringt er alles, was Beleidigungen verzeihlich macht. Wodurch hab' ich das alles verdient? Wodurch hab' ich mich unwürdig gemacht, von wackern rechtschaffenen Leuten geliebt und geschätzt zu werden?"

So rührende Klagen enthielten mehrere von Wieland's damaligen Briefen. Eine Reise nach Halberstadt zu Gleim, der ihm unter allen seinen Freund fast noch allein geblieben war, sollte seinen Unmuth verscheuchen. Ein zweitägiges Zusammenleben machte in Wieland und Gleim den Wunsch rege, künftig einen und denselben Wohnsitz zu haben. Manche Pläne wurden in dieser Hinsicht entworfen und wieder aufgegeben. Gleim's Bemühungen, ihm eine Stelle in Berlin zu verschaffen, wußte Wieland zu schätzen. Die Gründe, weshalb er keinen Gebrauch davon machen konnte, enthielt ein bald nach der Rückkehr aus Halberstadt geschriebener Brief an Gleim. Darin hieß es unter andern: „Wahrscheinlich wird Carl August mir nie Ursache geben, mich von ihm zu entfernen. Ich sitze hier ganz gut. So schön auch immer Ihr Berliner Project für mich in unser chimärisches Plänchen paßte, so würde es doch in der Ausführung unendliche Schwierigkeiten haben. Anderswo, als in Weimar zu leben, würde mich doch blos die Noth zwingen können, irgend ein öffentliches Amt anzunehmen oder zu suchen. Die Versetzung in eine Welt, wie die Berlinische ist, würde sich überdies für meine Gemüthsart und meine Umstände kaum schicken. Pain cuit et liberté wird ewig mein Wahlspruch bleiben. Lieber mit sechshundert Thalern in dem kleinen Dörfchen, wo mein Gleim geboren wurde, in einer Hütte an dem Schmerlenbach, als in Berlin oder Wien mit so viel tausend Thalern, als Sie wollen. Carl August ist mir gewogen und seine Mutter auch. In Hofintriguen und Staatssachen werde ich mich nie mischen, und mich so viel als möglich in meinem Schneckenhäuschen ruhig halten. Ich werde also wenig oder keine Feinde in Weimar haben, und in Frieden und Unschuld dahinleben, so lange es Gott gefällt. Aendern sich einmal die Umstände, so wollen wir, um Ruhe zu bekommen, uns weder nach Berlin, noch in eine Windmühle setzen, sondern uns irgendwo, nahe bei unserm Gleim, gerade so ein kleines suetonisches tranquilles Gütchen kaufen, wie es einem Danischmende nützt und frommt — so weit von Sultanen und Bonzen, als immer möglich ist. In einer kleinen Stadt oder auf dem Lande, nicht weit von einer kleinen Stadt, kann so ein Mittelding von Sokrates und Horaz, wie ich bin, wohlfeiler glücklich seyn."

So schrieb Wieland zu einer Zeit, wo durch den Regierungsantritt seines bisherigen Zöglings Carl August und dessen Vermählung mit der Prinzessin Luise von Hessen-Darmstadt manche Veränderungen in seiner bisherigen Lage eintreten konnten. Er schien gefaßt, unter allen Umständen die Lebensweisheit zu zeigen, die bisher seine unzertrennliche Lebensgefährtin gewesen war. „Ich habe," schrieb er, „schon meine Parthie genommen. Die Hofluft ist mir immer zuwider gewesen, und je seltner ich künftig genöthigt seyn werde, sie zu athmen, desto glücklicher werd' ich seyn." Diesem Gleichmuth blieb Wieland treu. In einem seiner damaligen Briefe an Sophie la Roche äußerte er: „Die bevorstehenden Auftritte, so unbedeutend sie für die übrige Welt sind oder scheinen, sind für uns Weimaraner doch von so großer Wichtigkeit, daß jetzt Alles bei uns in Erwartung der Dinge schwebt, die da kommen werden. Der ruhigste unter allen nennt sich Wieland, weil er für sich selbst nichts verlangt, mit allem zufrieden ist, und übrigens voll guter Hoffnungen."

Wenigstens eine dieser Hoffnungen, die er längst im Stillen gehegt, ward erfüllt durch die persönliche Bekanntschaft Goethe's, den der junge Herzog auf seiner Reise in Frankfurt am Main kennen und schätzen gelernt, und ihn aufgefordert hatte, in den Weimarischen Staatsdienst zu treten. Wenige Monate, nachdem Carl August die Regierung übernommen und seine Vermählung gefeiert hatte, traf Goethe den 7. November 1775 in Weimar ein. Mit Begeisterung verkündete Wieland dies Ereigniß seinem Freunde Jacobi. Neid und Mißgunst waren seiner Seele gänzlich fremd. Den jungen Autor, der ihn durch seine Satyre gekränkt, bald als Liebling und Vertrauten eines Fürsten zu sehen, dem er bisher näher gestanden, machte ihm keine unangenehme Empfindung. Goethe galt ihm, nach seiner eignen Aeußerung als „das größte Genie und als der beste, liebenswürdigste Mensch, den er bisher gekannt."

Wielands Begeisterung für Goethe kannte keine Grenzen. Die Belege dafür findet man in mehrern seiner damaligen Briefe. Er war in der frohesten Stimmung, die auch wohl darin einen wesentlichen Grund haben mochte, daß in seinen bisherigen Lebensverhältnissen nicht die mindeste Veränderung eingetreten war. Von dem Herzog Carl August war ihm der Genuß seines bisher bezogenen Gehalts auf Lebenszeit zugesichert worden. Die Gemahlin seines Fürsten gab ihm unzweideutige Beweise ihres Wohlwollens, und die Herzogin Amalia blieb ihm unveränderlich geneigt. Seinen Lieblingswunsch, unbekümmert um das Treiben der Welt, sich selbst und seinen Studien zu leben, sah Wieland erfüllt. „In seinem Schneckenhäuschen, wohin er," wie er einem Freunde meldete, „sich zurückgezogen," kam er nur mit Wenigen in Berührung. Wichtig ward jedoch für ihn die persönliche Bekanntschaft Herders, der als Generalsuperintendent nach Weimar berufen worden war. Den Eindruck, den Herder auf ihn machte, schilderte ein im October 1776 geschriebener Brief Wielands. „Meine ganze Seele," schrieb er, „ist voll von dem herrlichen

Manne. Aber er ist mir zu groß, zu herrlich. Ich fühle, wie wenig ich ihm seyn kann. Fühlen, einsehen, durchschauen, was er ist, und ihn lieben, mehr als ihn noch ein Sterblicher geliebt hat, das kann ich. Aber wie unzulänglich ist das für einen so tief denkenden, allumfassenden, mächtigen Genius!"

Durch den Umgang mit Goethe und Herder ward Wieland nicht gleichgültig gegen seine entfernten Freunde. Vorzüglich war es Gleim, dem er alle seine Freuden und Leiden mittheilte, und ihn gewissermaßen in das Innere seines Familienkreises führte. Wahrhaft einheimisch fühlte sich Wieland erst in Weimar, als er um diese Zeit sich einen vor der Stadt gelegenen Garten gekauft hatte. Dort, in ländlicher Einsamkeit, konnte er ungestört die Schönheiten der Natur genießen, und sich seinen Betrachtungen hingeben. Seine ganze Existenz, meinte Wieland, habe dadurch eine andere Wendung bekommen. In einem Briefe an Gleim, welchem er eine Schilderung seiner „neuen Domaine" entwarf, bemerkte er: „Sie müssen sich nichts Vornehmes, noch Kostbares vorstellen. Bilden Sie sich ein, daß es ungefähr so ein Garten ist, wie das kleine Gut, das Plinius dem Sueton kaufen will, ein Landgut war, d.i. gerade so, wie ihn ein Müsiggänger meiner Art vonnöthen hat; Bäume genug, um Schatten zu haben, und groß genug, daß meine Mädchen sich müde darin laufen können. Seitdem die Kirschbäume zu blühen angefangen haben, bin ich nun den ganzen lieben Tag draußen, und habe es schon so weit gebracht, daß mir in meinen vier Mauern in der Stadt, nirgends wohl ist, bis ich meinen Stab in der Hand habe, um hinaus zu gehen und im Freien, im Grünen, unter meinen Bäumen, im Angesicht meiner eignen kleinen Pflanzungen, zu leben und zu wallen, und den unendlichen Erdgeist einzuziehen, mit dem ich je länger, je mehr Sympathie und Verwandtschaft fühle."

In einem spätern Briefe vom 7. September 1777 meldete Wieland seiner Jugendfreundin Sophie la Roche, daß er seit Anfang des Sommers in einem großen Hause vor der Stadt wohne, zwar nur zwanzig Schritte vom Thor, doch mit allen Annehmlichkeiten des Landlebens, in der beneidenswerthesten Freiheit und Ruhe. „Dort," schrieb er, „leb' ich fast ganz allein mit mir selbst und den Meinigen; und wenn mir, um ganz glücklich zu seyn, noch etwas abgeht, so ist's, daß ich der übrigen Welt nicht so ganz vergessen darf, als ich wohl gern möchte. Hinten an meinem Hause hab' ich einen Küchengarten mit Obstbäumen, und ein paar hundert Schritte davon liegt ein größerer Garten, den ich vor anderthalb Jahren gekauft habe, und worin ich dieser schönen herbstlichen Tage froh werde, die die Natur uns noch ganz unvermuthet schenkt."

In seiner Zurückgezogenheit blieb Wieland fast gänzlich unbekannt mit den abentheuerlichen und großenteils übertriebnen Gerüchten, die sich damals über Weimar und das dortige Leben und Treiben verbreiteten. Das seltene Freundschaftsverhältniß zwischen einem geistreichen Fürsten und einem genialen Dichter hatte allgemeine Sensation erregt, und war gewissermaßen das Signal geworden für alle Kraft- und Dranggenie's, nach Weimar zu wallfahrten. Die wunderlichsten Mährchen verbreiteten sich über Goethe und dessen Freunde Lenz und Klinger, die damals von Frankfurt nach Weimar gekommen waren. Von

Lenz gestand Wieland selbst: „er mache alle Tage regelmäßig seinen dummen Streich, und wundere sich dann darüber, wie eine Gans, wenn sie ein Ei gelegt habe." Selbst von Herder ward gefabelt, er predige in galonnirten Kleidern, mit Stiefeln und Sporen, und reite unmittelbar nach der Predigt zum Thor hinaus.

Gegen den Antheil an jenem Treiben, den ihm das Gerücht schuld gab, rechtfertigte sich Wieland in einem Briefe vom 7. Februar 1776 mit den Worten: „Ich höre, daß gewisse Leute, die aus verächtlichen Ursachen meine und Goethe's Feinde sind, allerlei Calumnien aussprengen, und unter andern auch mich, wegen meiner Connexion mit Goethe, mit in das, was hier geschieht und nicht geschieht, einmischen, und mich zu einem, ich weiß nicht ob Actuar oder Soufleur oder Lichtputzer bei unsrer Staatscomödie machen, da ich doch, Dank sei Gott und meinem Genius, ein bloßer Zuschauer bin — bereit, mit aller möglichen Bonhomie zu klatschen, wenn gut gespielt wird, und höchstens die Achseln zuckend, oder ein paar sacres bleus zwischen den Zähnen murmelnd, wenn es dumm geht."

Der Einfluß junger talentvoller Köpfe wirkte aufregend für Wielands geistige Kraft, zu einer Zeit, wo er in seinen „Unterredungen mit einem Pfarrer" eine Apologie seiner frühern Schriften niedergelegt hatte. Manche Pläne entwarf er damals, seinen „deutschen Merkur" gemeinnütziger zu machen. Nichts, meinte er, würde dieser Zeitschrift mehr aufhelfen, als wenn man „mehr Urtheile über Bücher und andere Dinge" hinein brächte. „Den Leuten," schrieb Wieland, „liegt an nichts so viel, als zu wissen, was sie über alles

Vorkommende denken und sagen sollen." Seltener waren allmälig die Beiträge geworden, durch welche Goethe, Herder, Jacobi u.A. vor dem Jahre 1776 sein Journal, dessen Aufnahme ihm sehr am Herzen lag, unterstützt hatten. Es enthielt mehr Aufsätze von seiner eignen Feder, und fast alle seine Werke theilte er bruchstückweise zuerst in dem „deutschen Merkur" mit.

Seine fast ununterbrochene Beschäftigung mit der Literatur der Griechen und Römer entzog ihn nicht philosophischen und historischen Studien im weitesten Umfange des Worts. Zugleich blieb ihm ein lebendiges Interesse für alle Ereignisse der Gegenwart. Die Fortschritte des Menschen in seiner Geistescultur beobachtete Wieland mit scharfem Auge. Er machte sich mit den neuern Reisebeschreibungen und mit jeder wichtigen Entdeckung bekannt. Sein reger Geist durchwanderte das große Gebiet der Wissenschaften und Künste nach allen Richtungen hin. Dadurch erhielt er reichhaltige Materialien zu größern und kleinen Aufsätzen für den „deutschen Merkur." Die meisten jener Aufsätze charakterisirte das Streben, Aufklärung zu verbreiten zu einer Zeit, wo schwärmerische Köpfe, wie der Pater Gaßner in Wien, der berüchtigte Graf Cagliostro, Meßmer, Schröpfer u.A. dem Zeitgeiste eine so wunderbare Richtung gaben, daß man sich des Unglaubens auf der einen Seite, und des Aberglaubens auf der andern beschuldigte. Behutsam aber glaubte Wieland zu Werke gehen zu müssen, und nicht zu verkennen war seine Gewissenhaftigkeit in Allem, was er über religiöse Gegenstände schrieb.

Unter seinen mannigfachen Studien und Beschäftigungen ward er der Dichtkunst nicht untreu. In diese Zeit seines Lebens fallen die poetischen Erzählungen: „Gandelin" oder „Liebe um Liebe"; das „Winter- und Sommermährchen"; „Pervonte"; der „Vogelfang" oder „die drei Lehren", „Hann und Gulpenheh" u.a.m. Seine Natur neigte sich entschieden zur romantischen Poesie. Nach seinen eignen Aeußerungen war er überzeugt, daß sich „dem Mährchen ein höherer Zweck unterlegen lasse, als bloße Unterhaltung kleiner und großer Kinder." Bei den meisten der vorhin erwähnten Gedichte hatte Wieland französische Quellen benutzt, die Fabliaux von Chretien de Troyes, die Lays de l'Oiselet u.a.m. Aus einer altfranzösischen Sage, Huon de Bordeaux betitelt, schöpfte Wieland auch den Stoff zu seinem „Oberon", durch den er seinen Dichterruhm für immer begründete.

Für eine eigenthümliche Schönheit des Plans und der Composition seines Epos hielt Wieland, nach seinem eignen Geständniß, „die Art und Weise, wie die Geschichte von Oberon's Zwist mit seiner Gemahlin Titania in der Geschichte Hüons und Rezia's eingewebt worden sei." Er schrieb darüber einem Freunde: „Oberon ist nicht nur aus zwei, sondern, wenn man es genau nehmen will, aus drei Haupthandlungen zusammengesetzt, nämlich aus dem Abentheuer, welches Hüon auf Befehl des Kaisers zu bestehen übernommen, der Geschichte seines Liebesverhältnisses mit Rezia, und der Wiederaussöhnung der Titania mit Oberon. Aber diese drei Handlungen oder Fabeln sind dergestalt in Einen Hauptknoten verschlungen, daß keiner ohne die andern bestehen, oder einen glücklichen Ausgang gewinnen könnte. Ohne Oberon's Beistand würde Hüon Kaiser Carl's Auftrag unmöglich haben ausführen können; ohne seine Liebe zu Rezia, und ohne die Hoffnung, welche Oberon auf die Treue und Standhaftigkeit der beiden Liebenden, als Werkzeuge seiner eignen Wiedervereinigung mit Titania gründete, würde dieser Geisterfürst keine Ursache gehabt haben, einen so innigen Antheil an ihrem Schicksal zu nehmen. Aus dieser, auf wechselseitige Unentbehrlichkeit gegründeten Verwebung ihres verschiedenen Interesses entsteht eine Art von Einheit, die meines Erachtens das Verdienst der Neuheit hat, und deren gute Wirkung der Leser durch sein eigene Theilnahme an den sämmtlichen handelnden Personen zu stark fühlt, als daß sie ihm irgend ein Kunstrichter wegdisputiren könnte."

In seinem „Oberon", der sich dadurch von Wielands bisherigen Gedichten unterschied, daß durchaus keine Spur von satyrischer Tendenz darin zu entdecken war, hatte er alle Elemente des Romantischen zu vereinigen gesucht, Schwärmerei im Heroismus, in der Liebe und der Religion. „Es scheint", schrieb er, „einer der feinsten Kunstgriffe in Gedichten romantischer Gattung, daß man die Genien und Feen als Wesen einer höhern Ordnung und Bürger einer andern Welt einführt, deren Natur, Wirkungskreis und Geschichte für uns immer etwas Räthselhaftes, Geheimes und Unerklärliches hat, auch alsdann, wenn unsre Begebenheiten durch eine noch höhere und geheimere Ordnung der Dinge, die man wohl Schicksal nennt, in die übrigen eingeflochten, und wir, ohne zu wissen, wie und warum, Werkzeuge abgeben, wodurch das Schicksal ihnen Gutes erweist."

Wieland war noch beschäftigt mit seinem „Oberon", als das Studium der Alten, an dem er noch immer mit Liebe hing, in ihm die Idee weckte, seinen Lieblingsdichter Horaz zu übersetzen. Ausgeführt ward diese Idee erst, als er den „Oberon" vollendet hatte. Wieland beschränkte sich in seiner Uebersetzung des Horaz nur auf die Briefe und Satyren des römischen Dichters. Es war ihm mehr darum zu thun, den Geist seines Originals wiederzugeben, als sich streng an die Form zu halten und die Treue seiner Uebersetzung bis auf das Buchstäbliche auszudehnen. Um die Manier und den Ton seines Autors besser zu treffen, wählte er, statt des Hexameters, den jambischen Vers, den er für geeigneter hielt, die Leichtigkeit und Gewandtheit der Conversationssprache wiederzugeben. Auch bei seiner Uebersetzung des Lucian, die er einige Jahre später unternahm, ging er mit gleicher Freiheit zu Werke, wodurch der Ausdruck bald kürzer, bald weitläufiger ward als der des Originals. Einen bleibenden Werth verlieh er seinen Uebersetzungen, durch die denselben beigefügten Einleitungen und Erläuterungen, die von der gründlichsten Sachkenntniß zeugten. An die Uebersetzung des Lucian erinnerte sich Wieland noch in spätern Jahren oft mit Vergnügen. Zwischen ihm und jenem Autor fand eine Art von Geistesverwandtschaft statt, und Wieland äußerte scherzend, daß er während jener literarischen Arbeit sich oft dem Glauben an eine Seelenwanderung überlassen habe.

Einen sehr ernsten Zweck suchte Wieland zu verfolgen in seinen großentheils durch die politischen Ereignisse veranlaßten „Gesprächen in Elysium" und in seinen „Göttergesprächen." Früher, als diese

Schrift, entstand ein Werk, das durch seinen Inhalt große Sensation erregte. Die erste Idee zu seiner „Geschichte der Abderiten" gaben ihm vermuthlich Erinnerungen an die republikanische Verfassung seiner Vaterstadt Biberach und eine Vergleichung jener Constitution mit der monarchischen Regierung in Weimar. Er ward jedoch immer vorsichtiger und behutsamer in seinen Schriften und Aufsätzen über politische Gegenstände. Schon sein Verhältniß zum Weimarischen Hofe bestimmte ihn, in dieser Hinsicht Rücksichten zu nehmen. Sein Freund Jacobi mußte sich's gefallen lassen, daß Wieland in den für den „deutschen Merkur" bestimmten Bruchstücken des Romans „Alwill" mehrere Stellen strich, besonders eine über den Fürstendienst. Er schrieb darüber an Jacobi: „Gott weiß, wie Du, mit dem Bewußtseyn deiner und meiner Verhältnisse, so etwas hinschreiben konntest, daß ich's drucken lassen sollte." Bescheidenheit hielt Wieland für eine unerläßliche Bedingung, unter der ein Privatmann öffentlich über Staatsangelegenheiten sprechen, und über Maßregeln, von denen das Wohl oder Wehe ganzer Nationen abhängig sei, ein Urtheil fällen sollte. Er war der Ansicht: die Wünsche des Volks und die Meinung verständiger und unparteiischer Männer zu vernehmen, müsse den Fürsten immer willkommen seyn, so lange sie noch keine entschiedene Parthei ergriffen hätten. Sei aber einmal der unglückliche Wurf geschehen, so könne das Einmischen von Privatleuten und ihr Urtheil über die ergriffenen Maßregeln nichts mehr helfen, wohl aber schaden. Wiederholt warnte Wieland vor dem Mißbrauch der Presse. Aber eine Reform in den politischen Verhältnissen wünschte und hoffte er sehnlich. Eine kühnere Sprache als manche seiner

Aeußerungen erwarten ließen, führte Wieland in einem 1784 gedruckten Aufsatze.

„Wenn man", äußerte er darin, „mit der Religion und der Priesterschaft fertig ist, so wird wahrscheinlich auch die Reihe an Untersuchungen kommen, die unsern weltlichen Gewalthabern nicht behagen dürften, so gleichgültig auch das Gefühl ihrer Stärke sie jetzt dagegen machen mag. Denn auch sie wird man endlich fragen: Aus welcher Macht thut ihr dies und das? Von wem habt ihr diese Macht empfangen, und wem habt ihr Rechenschaft davon zu geben? Worauf gründen sich eure Vorrechte, Besitzthümer und Ansprüche? Wenn sich alle eure Vorrechte — wie uns unsre Philosophen von allen Dächern herabpredigen — auf einen bloßen Vertrag zwischen uns und euch gründen; wenn alles, was ihr besitzt, blos anvertrautes Gut ist, und euer Ansehn keinen andern rechtschaffnen Grund hat, noch haben kann, als eine von uns empfangene bedingte Vollmacht, die wir alle Tage zurücknehmen können, sobald wir uns auf eine vorteilhaftere Art einzurichten wissen: wie könnt ihr erwarten, daß so aufgeklärte Leute, wie wir, in der wichtigen Angelegenheit unsres zeitlichen Lebens euch eine willkührliche und unbeschränkte Gewalt über unsere Personen, unser Eigenthum und unser Leben einräumen werden? Ehe wir euern Verordnungen gehorchen, wollen wir untersuchen, ob sie uns glücklich machen werden. Ehe wir euch Subsidien bewilligen, wollen wir erst wissen, wie ihr sie zu unserm Nutzen anzuwenden gedenkt. Und ehe wir uns an die Schlachtbank führen, oder uns der Gefahr aussetzen lassen, unser Feld verwüstet, unsre Wohnungen angezündet und unsere Söhne in die Kriegsknechtschaft geführt zu sehen, wollen wir vorher untersuchen, was uns daran gelegen ist, ob ihr etliche Quadratmeilen mehr oder weniger zu besteuern habt, oder nicht."

Diese Aeußerungen waren prophetische Worte, die bald nach Friedrichs II. Tode (1786) und noch mehr durch die spätern politischen Ereignisse sich bewährten. Die Stellung, welche Wieland damals als Schriftsteller und Journalist zu behaupten suchte, bezeichnete er selbst in den Worten:

„Es ist eben so wenig meine Absicht, unserm Jahrhundert Hohn zu sprechen, als ihm zu schmeicheln. Ich halte es für eins der wirksamsten Mittel, seine Zeitgenossen zu bessern, wenn man ihnen, wie Swift, immer beleidigende Dinge sagt. Sie immer zu streicheln und liebzukosen und einzuwiegen und in Schlaf zu singen, taugt nichts."

Die Rechte der Menschheit gegen den Druck des Despotismus in Schutz zu nehmen, war Wielands unablässiges Bestreben. Bei der sich immer mehr ausbreitenden Aufklärung, bei den immer raschern Fortschritten der Cultur, hielt er den Zeitpunkt nicht für entfernt, wo, nach seinem eignen Ausdruck „die schafsmäßigsten Menschen zu Tigern werden könnten." Nur einer einzigen Commotion, meinte er, bedürfe es, „um zehn oder zwanzig Millionen, die nichts mehr als das nackte Leben zu verlieren hätten, dahin zu bringen, auch dies gegen Alles aufs Spiel zu setzen."

Wielands Welt- und Menschenkenntniß hatte ihn nicht getäuscht. Noch vor dem Schluß des achtzehnten Jahrhunderts gingen seine Worte durch den Ausbruch der französischen Revolution fast buchstäblich in Erfüllung. Wie mächtig dies politische Ereigniß auf ihn eingewirkt, zeigten mehrere Schriften und Aufsätze, in denen er seine politische Meinung niederlegte. Cosmopolit im eigentlichsten Sinne des Worts, durfte er sich wohl das Zeugniß geben, daß „in Allem, was er seit dem 14. Juni 1789 über die öffentlichen Begebenheiten in Frankreich geschrieben habe, ein gewisser Geist von Unpartheilichkeit, Billigkeit und Mäßigung athme."

Die Hauptmaxime, die ihn „in seinem Urtheil über die menschlichen Dinge" leitete, zeigte Wielands eignes Geständniß. „Nie vergesse ich," schrieb er, „daß Menschen in allen Umständen und Zeiten weder mehr noch weniger, als Menschen sind. Daher kommt es, daß nicht leicht etwas so gut oder schlimm, so vernünftig oder so albern, so edel oder so schlecht ist, daß ich es ihnen nicht unter gewissen Umständen zutrauen sollte. Daher kommt es, daß ich nichts Vollkommenes von ihnen erwarte, und mich nie darüber formalisire, wenn sie, zumal in außerordentlichen Lagen und im Gedränge großer Schwierigkeiten, nicht wie Götter, reine Geister oder stoische Weise, sondern nur wie arme Erdenklöse, weder weiser, noch consequenter, noch uneigennütziger handeln, als man es seit so vielen Jahrtausenden von den Adamskindern gewohnt ist, oder doch billig gewohnt seyn sollte."

Von den Greueln der französischen Revolution wandte sich Wieland mit Abscheu hinweg. Die Vaterlandsliebe regte sich wieder mächtiger in ihm. Rühmend hob er das Gute hervor in der wegen ihrer Mängel oft von ihm getadelten Constitution der deutschen Staaten. In der Liebe zu der bestehenden Verfassung zeigte sich ihm die wahre Vaterlandsliebe. „Was kann," schrieb er, „deutscher Patriotismus anders seyn, als das aufrichtige Bestreben, zur Erhaltung und Vervollkommnung der gegenwärtigen Verfassung des gemeinen Wesens alles beizutragen, was jeder, nach seinem Stande, Vermögen und Verhältniß zum Ganzen dazu beizutragen fähig ist? Mit wie vielem Rechte kann man von uns Deutschen sagen, was der römische Dichter von den Landleuten sagt: Felices sua si bona norint! Glücklich, wenn der Schlummer der Gewohnheit uns nicht gleichgültig, blind und undankbar gegen die größten Wohlthaten unserer Verfassung gemacht hätte; wenn wir ihrer nicht genössen, wie der Gesundheit, deren hohen Werth man erst fühlt, wenn man sie verloren."

Als politischer Schriftsteller entging Wieland nicht dem Schicksal, wegen seiner Grundsätze von allen Partheien, sowohl der monarchischen, als aristokratischen und demokratischen, verkannt, und oft hart angefochten zu werden. Seine heftigsten Gegner waren die Aristokraten, die ihm seine Abneigung gegen das Kastenwesen und Privilegien aller Art sehr verübelten. Gegen den Vorwurf, „die Schuster- und Schneider-Aufklärung befördert zu haben," vertheidigte sich Wieland mit den Worten: „Meiner geringen Meinung nach, ist das Beste für den Schuster – Schuhe zu machen. Sollte aber – was denn am Ende doch auch keine Unmöglichkeit ist – ein Schuster glauben, daß er auch ultra crepidam etwas Gemeinnütziges oder ein Wort zu seiner Zeit zu sagen habe, warum sollte das nicht erlaubt seyn? Einer von Sokrates bravsten Jüngern war zwar kein Schuster, aber doch einer, der für die Schuster arbeitet, ein Gerber; und die Athenienser konnten es wohl leiden, in mehr als dreißig Sokratischen Dialogen, die er schrieb, die Wahrheit zu hören. Und sagte nicht der wackere Schuster Hans Sachs seinen Nürnbergern und der ganzen Welt, in seinem naiven Reimen manche heilsame, mitunter auch manche derbe Wahrheit, ohne daß ein Mensch etwas dagegen einzuwenden hatte? — Aber freilich hatte man auch vor 200 Jahren in Deutschland noch etwas mehr Respect vor einem Menschen und vor einem Bürger, als heut zu Tage!"

Durch Verschiedenheit der Meinung sah sich Wieland oft den heftigsten Angriffen blosgestellt. Das Bewußtseyn, einen guten Zweck verfolgt zu haben, mußte ihn trösten. Daß er oft schärfer gesehen, als Andere, und manches in prophetischem Geiste gesprochen hatte, bewies er in seinen „Gesprächen unter vier Augen" durch den Vorschlag: das demokratische Frankreich möchte zu seiner eignen Rettung — Buonaparte zum Dictator ernennen. In jenen politischen Dialogen sah Wielands Blick weit in die ferne Zukunft hinaus, und in mehreren Schilderungen entwarf er ein anschauliches Bild von der Zeit, die jenseits der Grenzen seines Lebens lag.

Von solchen Beschäftigungen ward Wieland wieder zu den Musen zurückgeführt in den geistreichen Cirkeln, welche die Herzogin Amalia in Ettersburg und Tiefurth zu versammeln pflegte. Was irgend im Gebiet der Poesie und Musik von Bedeutung schien, ward in jenen Cirkeln, an denen Goethe, Herder, Einsiedel, Knebel, Bertuch u.A. Theil nahmen, zu einem Gegenstande der Unterhaltung. Ländliche Feste und Schauspiele, in denen die eben genannten Männer, nebst einer Corona Schröter, Amalie v. Göchhausen u.a. geistreichen Damen sich in die Rollen theilten, wechselten mit Ergötzlichkeiten anderer Art ab. Einen Beitrag zu den dramatischen Vorstellungen jener Dilettantengesellschaft, die bald das Schloß zu Ettersburg, bald die nahgelegene Waldung zum Schauplatz wählte, lieferte Wieland in seiner „Pandora." Mehrere Gedichte und Aufsätze legte er auch in dem noch handschriftlich erhaltenen „Tiefurther Journal" nieder.

In solchen Kreisen fühlte sich Wieland sehr behaglich, so wenig er sonst auch dem Hofleben und der damit verbundenen Etiquette Geschmack abgewinnen konnte. Noch in späterer Zeit pries er oft das Glück, so geistreichen Cirkeln angehört zu haben, die durch den lebhaften Austausch der mannigfachsten Ideen für ihn immer das Interesse der Neuheit behielten. Die in einem Briefe vom Jahr 1782 enthaltene Schilderung der völligen Zufriedenheit mit seiner Lage paßte auch für seine spätern Lebensjahre. Jenes Schreiben enthielt das Geständniß: „In einer erwünschten Befreiung von öffentlichen Geschäften lebe ich den Musen und mir selbst, ein unscheinbares, aber glückliches Leben, begünstigt durch die Gnade meines Fürsten und durch die Liebe vieler Rechtschaffenen."

Der erwähnte Brief schilderte ihn zugleich „umgeben von einer zahlreichen, um ihn her theils aufblühenden, theils noch aufkeimenden Familie, die seine Existenz auf die interessanteste Weise vervielfältige und durch die süßen Sorgen und angenehmen Pachten des Hausvaters sein sonst sehr einförmiges Leben vor Stockung bewahre." Fühlbar mußte ihm jedoch werden, daß er, bei aller Sparsamkeit, seinen literarischen Fleiß verdoppeln mußte, wenn er für den anständigen Unterhalt seiner nicht kleinen Familie gehörig sorgen wollte. Von vierzehn Kindern, die ihm seine Gattin geboren, lebten damals noch eilf. Der Vortheil, den er bisher von seinen schriftstellerischen Arbeiten gezogen, war gering. Den meisten Gewinn hatte er noch der Herausgabe des „deutschen Merkurs" zu danken gehabt. Bei den meisten seiner frühern poetischen Werke hatte er sich mit einem Dukaten für den Druckbogen begnügen müssen. In Bezug auf das Honorar für seine „Komischen Erzählungen" gestand Wieland einem Freunde: „Jedermann, welcher weiß, daß in Frankreich dem mittelmäßigsten Reimer und Romanschreiber wenigstens zwei Louisd'or für den Bogen bezahlt werden, lacht mich aus, daß die Komischen Erzählungen mir nicht mehr noch weniger eingetragen haben, als fünf Gulden für den Bogen."

Einigermaßen verbessert hatten sich Wielands literärische Einkünfte durch seine Bekanntschaft mit dem Buchhändler Reich in Leipzig, der ihm für das Gedicht „Musarion" ein Honorar von dreißig Dukaten und für den „Diogenes von Sinope" funfzig gesendet hatte. Der Gelehrtenbuchhandlung in Dessau hatte Wieland eine nicht unbedeutende Summe auf Actien geliehen und sie größtentheils eingebüßt. Zurückgeschreckt durch so bittere Erfahrungen, schwankte er, ein Capital von 1000 Thlrn. daran zu wagen, als die Unternehmer der Jenaischen Literaturzeitung, Schütz und Bertuch, ihn im Jahr 1784 zum Beitritt aufgefordert hatten. Dagegen trat Wieland, nach Reichs Tode, in nähere Verbindung mit dem damals noch sehr jungen Buchhändler Göschen in

Leipzig, der zuerst den „Peregrinus Proteus" und die „Göttergespräche" druckte, und nachher der Verleger von Wielands sämmtlichen Werken ward.

Durch eine genaue Revision und Feile wünschte Wieland seinen Schriften den höchsten Grad von Vollendung zu geben. In der Ankündigung der Gesammtausgabe seiner Werke im zwölften Stück des „deutschen Merkur" vom Jahr 1793 äußerte Wieland, daß ihn jene Arbeit schon seit einigen Jahren beschäftige. „Ich widme ihr," schrieb er, „die heitersten Tage und Stunden meines Lebens, und spare weder Zeit noch Mühe, um den kleinsten Flecken wegzubringen, den ich an einem bereits vollendet scheinenden Werke gewahr werde. Es ist ein süßer Gedanke, zumal in den letzten Herbsttagen des Lebens, auch nach seinem Tode noch unter den Menschen, die man geliebt hat, fortzuleben, ihnen noch werth und nützlich zu seyn, und von den Besten unter ihnen noch geliebt zu werden. Wenn auch die Hoffnung, daß die Zukunft diesen Gedanken realisiren werde, nur Täuschung wäre: welche Aufforderung, welche Nachtwachen könnten zu viel seyn, um sich noch in seinem Leben eine so süße Täuschung zu verschaffen? Niemand kann es stärker fühlen und einsehen, als ich selbst, daß, meiner angestrengtesten Bemühungen ungeachtet, auch die besten Producte meines Geistes noch immer weit unter meiner eignen Idee, geschweige denn unter den Ideal des Schönen und Guten in ihrer Art bleiben. Dieser Gedanke wird meine Aufmerksamkeit schärfen, und meinen Fleiß verdoppeln; und so werde ich, was auch der Erfolg seyn mag, die Welt dereinst desto ruhiger verlassen können, wenn ich mir bewußt seyn werde, alles, was in meinen Kräften stand, gethan zu haben, um ihr meinen geistigen Nachlaß so wohl beschaffen und in so guter Ordnung, als mir möglich war, zu hinterlassen."

Bei der Durchsicht seiner Schriften überzeugte sich Wieland, wie sehr sein Styl und Geschmack sich allmälig geläutert hatten. Seinen Jugendarbeiten beurtheilte er mit nachsichtsloser Strenge. Nur wenige nahm er in die Sammlung seiner Werke auf. Den meisten Werth legte er noch auf seine „moralischen Erzählungen." Nach einem seiner damaligen Briefe hielt er diese Erzählungen „für das Beste von allem, was er vor seinem fünf und zwanzigsten Jahre geschrieben habe." Ueber den Platz, den er seinen ersten schriftstellerischen Versuchen in der Gesammtausgabe seiner Werke anweisen sollte, schwankte er lange. In Bezug auf seine Erzählung: „Araspes und Panthea" äußerte er in einem Briefe an seinen Verleger Göschen: „Ich finde, daß es die höchste Unschicklichkeit wäre, dies noch sehr jugendliche und meinen frühern Jugendwerken noch viel zu ähnliche Product an die Spitze meiner sämmtlichen Schriften zu stellen, und zwar nicht hinsichtlich des Inhalts oder der darin geäußerten Geisteskräfte (in welcher Rücksicht es nicht zu verachten ist), sondern weil mein Geschmack und Styl damals noch zu unreif, und von dem, was er im Agathon und im goldnen Spiegel ist, noch zu weit entfernt war." Oft verwarf Wieland wieder die bereits getroffenen Anordnungen. Endlich entschloß er sich, seine Jugendarbeiten der Ausgabe seiner Werke beizufügen, weil sie doch, wie er äußerte, „gewissermaßen zur Geschichte unserer Literatur gehörten und zeigten, von welchem Punkte er ausgegangen sei."

Längere Zeit beschäftigte sich Wieland mit dem Gedanken, auch seine Uebersetzungen in die Sammlung seiner Werke aufzunehmen. Ueber diese Idee, die er wieder verwarf, äußerte er sich in einem Briefe vom 1. November 1793 mit den Worten: „Alle Welt stimmt mit Recht darin überein, daß meine Uebersetzungen des Horaz und des Lucian so viel von meinem Eignen haben, und sich so weit von der gewöhnlichen Uebersetzer-Manier entfernen, daß sie so gut, als irgend eins meiner Originalwerke in eine Sammlung aller meiner Schriften gehören, zumal da der Commentar einen eben so beträchtlichen Theil ausmacht. Ich glaube es dem Publikum schuldig zu seyn, daß die allgemeine Ausgabe aller meiner Werke, auch die Satyren und Briefe des Horaz, und wenigstens die auserlesenen Werke Lucian's nebst meinem Commentar enthalte."

Im Allgemeinen erklärte sich Wieland über die Gesammtausgabe seiner Schriften in einem Briefe vom 30. Juni 1795 mit den Worten: „Unter meinen sämmtlichen Werken will ich eigentlich nichts verstanden haben, als was ich nach meiner besten Ueberzeugung für werth halte, unter die besten und reifsten Producte meines Geistes aufgenommen zu werden." Mehrere seiner Werke wurden von ihm umgearbeitet, um sie dem ihm vorschwebenden Ideal von Vollkommenheit möglichst zu nähern. Er scheute weder Zeit noch Mühe, siebzehn Gesänge seines „Neuen Amadis," dessen „licensiöse Versart" ihm nicht behagte, in zehnzeilige Stanzen umzuschmelzen. Nach seinem eignen Geständniß ging Wielands Bemühen hauptsächlich darauf hinaus, sowohl dem eben erwähnten Gedicht, als seinen übrigen poetischen Arbeiten, „ohne Nachtheil der ungezwungenen Leichtigkeit, Correctheit des Stils und der Sprache zu geben." Zu Anfange des Februar hatte er die „wirklich mühsame Revision der dreißig Bände seiner sämmtlichen Werke" vollendet. Er sah sich dadurch mancher Sorgen überhoben. Einer reinen Freude überließ er sich indeß erst, als die empfangenen Nachrichten von zahlreichen Subscriptionen einigermaßen seine Besorgnisse milderten, daß das Unternehmen für seinen Verleger einen bedeutenden Verlust herbeiführen möchte.

Die politischen Ereignisse vermehrten in dieser Hinsicht Wielands Besorgniß. Nicht für sonderlich günstig hielt er den Moment, in welchem die Gesammtausgabe seiner Werke an's Licht trat. „Wir sind leider," schrieb er, „in eine unglückliche Zeit gefallen, und selbst die Hoffnung, das Einzige, was uns zum Trost noch übrig blieb, scheint bereit, mit jedem Augenblicke die Flügel aufzuspannen, und uns durch die Flucht einem Zustande zu überlassen, der durch seine Ungewißheit beinahe noch schlimmer ist, als das Aergste, was uns wirklich treffen kann." Manches Unerfreuliche brachte ihm aber auch schon die Gegenwart. Wielands Unmuth kannte keine Grenzen, als ein Wiener Nachdruck seiner Werke, ihren rechtmäßigen Verleger, der bei dem Unternehmen kein Opfer gescheut, mit einem bedeutenden Verlust bedrohte.

In seinem Familienkreise mußte Wieland Trost und Erheiterung suchen, und er suchte dort beides nicht vergebens. Kaum hätte er eine Gattin finden können, die die Pflichten einer thätigen Hausfrau und sorgsamen Mutter pünktlicher erfüllt hätte, als seine liebe Dorothea. Ungestört konnte er den größten Theil des Tages an seinem Arbeitstisch zubringen, und dadurch nach allen Kräften für das Wohl seiner Familie sorgen. Ohne durch ihr Aeußeres, noch durch Talente sich auszuzeichnen, war Wielands Gattin sein höchstes Lebensglück. In einem seiner Briefe nannte er sie ein Muster jeder weiblichen und häuslichen Tugend. „Sie ist", schrieb er, „frei von jedem Fehler ihres Geschlechts, mit einem Kopf ohne Vorurteil, und mit einem moralischen Charakter, der einer Heiligen Ehre machen würde. Die Jahre, die ich mit ihr lebe, sind herangekommen, ohne daß ich nur ein einziges Mal gewünscht hätte, nicht verheirathet zu seyn. Im Gegentheil ist sie und ihre Existenz so mit der meinigen verwebt, daß ich nicht acht Tage von ihr entfernt seyn kann, ohne etwas dem Schweizer-Heimweh Aehnliches zu empfinden." Die innige Liebe zu seiner Gattin gab ihm auch in einem Briefe an Gleim die Worte ein: „Gott hat mich aus einer Gefahr erlöst, an die ich ohne Schaudern nicht denken kann. Ich war nahe daran, oder wenigstens machte mich Liebe und Angst denken, das beste, für mich allein geschaffene Weibchen zu verlieren. Alle lieben Engel Gottes haben Mitleid mit mir und meinen armen Kindern gehabt; wir haben unser bestes Mütterchen wieder, und sie befindet sich außer Gefahr."

Die Geburt eines Kindes hielt Wieland immer für einen Zuwachs seiner häuslichen Glückseligkeit. Mit reiner Vaterfreude betrachtete er die Entwicklung der „kleinen krabblichten Mitteldinger von Aeffchen und Engelchen", wie er seine lieben Sprößlinge scherzweise nannte. Es war ein herzerfreuender Anblick für ihn, und oft bat er einen auswärtigen Freund, doch zu ihm zu kommen und seine Freude darüber zu theilen, daß die Herzogin Mutter, der Herzog, Prinz Constantin,

Goethe, Gleim u.A. bei der Taufe seiner Kinder Pathenstellen übernommen. Seine Gattin hatte ihm vierzehn Kinder geboren, von denen ihm sechs Töchter und drei Söhne am Leben blieben. Zwei liebe Kinder, Philipp und Wilhelm, entriß ihm der Tod. „Die Zeit", schrieb Wieland „heilt wohl Wunden dieser Art, aber die Narbe, die sie zurücklassen, bleibt so lange wir leben."

Noch ehe ihn jener zwiefach harte Schicksalsschlag getroffen, hatte Wieland seiner Jugendfreundin Sophie la Roche geschrieben: „Ich habe eine ganz artige Nachkommenschaft um mich her, alle so gesund und munter, gutartig und hoffnungsvoll, jedes in seiner Art, daß ich meine Lust und Freude daran habe, und mich gerade wegen dessen, was die Meisten für eine große Last halten würden, für einen der glücklichen Sterblichen auf Gottes Erdboden halte. Das Alter überschleicht mich ganz unmerklich mitten unter dieser um mich aufsprossenden und aufblühenden jungen Welt. Ich erfahre je länger je mehr, daß alle wahre menschliche Seligkeit innerhalb der Räume des ehelichen Lebens liegt. Ich werde immer mehr Mensch, und in eben der Proportion immer glücklicher und besser. Arbeiten wird meine Lust, weil ich für meine Kinder arbeite, und auch davon bin ich im Innersten überzeugt, daß mein ruhiges Vertrauen auf die Hand, die das Gewebe unserer Schickungen webt, weder mich, noch die Meinigen betrügen werde."

Wielands Familienkreis war noch durch einen talentvollen jungen Mann erweitert worden, den er bereits 1785 als Haus- und Tischgenossen bei sich aufgenommen hatte. Dieser junge Mann, der, anfangs Hauslehrer von Wielands Kindern, späterhin durch

Familienbande noch näher an ihn geknüpft ward, war Reinhold. „Es ist eine wunderbare Geschichte", schrieb Wieland den 15. Mai 1785 an Gleim, „wie und auf was für Art dieser junge Mann aus den Wolken, oder vielmehr aus den Armen irgend eines Gottes in meinen Schooß gefallen, und mir und meiner Frau so lieb geworden ist, daß wir ihn mit einstimmigem Beifall unseres Kopfes und Herzens zu unserem Sohne angenommen haben."

Aus Wien gebürtig und in einem Jesuitencollegium erzogen, hatte Reinhold dem Mönchsleben in dem Barnabiter-Orden so wenig Geschmack abgewinnen können, daß er heimlich nach Leipzig entfloh und von da nach Weimar ging, wohin ihn seine Freunde v. Gemmingen und Blumauer an Wieland empfohlen hatten. Die wohlwollende Aufnahme, die er dort fand, verbunden mit dem Genuß der Denkfreiheit in einem protestantischen Lande, versetzte ihn in die froheste Stimmung. Selbst über seine noch ungewisse Zukunft konnte er sich beruhigen, da Wieland ihn seines Charakters und seiner Kenntnisse wegen schätzte, ihm einen Antheil an der Redaction des „deutschen Merkurs" gönnte, und später durch seinen Einfluß ihm eine Professur der Philosophie auf der Universität Jena verschaffte. Noch fester ward Reinhold's Verhältniß zur Wielandschen Familie durch seine Neigung zu des Dichters ältester Tochter, der damals sechzehnjährigen Sophie. Reinhold erhielt am Altar ihre Hand, und fortwährend, auch später, als er einem Ruf nach Kiel gefolgt war, bestand zwischen ihm und Wieland ein ungetrübtes Freundschaftsverhältniß.

Wielands Vaterfreuden wurden erhöht, als er auch seine übrigen erwachsenen Töchter glücklich vermählt sah. Die Prediger Schorcht und Liebeskind, letzterer bekannt als Verfasser der von Herder herausgegebenen „Palmblätter" und als Mitarbeiter an Wielands „Dschinnistan", hatten sich mit Caroline und Amalie Wieland verheirathet. Julie war die Gattin des Kammerraths Stichling in Weimar geworden, und Charlotte, die 1794 mit dem Dichter Baggesen und dessen Gattin nach der Schweiz gereist war, knüpfte dort unvermutet ein Ehebündniß. Wieland schrieb darüber den 17. April 1795: „Wenn je eine Ehe im Himmel geschlossen worden, so ist es gewiß diese, die sich auf eine beinahe wunderbare Art, und doch wieder so natürlich durch die entschiedenste Sympathie der Herzen, Gemüthsart, Neigungen, Sitten — zwischen dem Sohne Salomo Geßners, meines liebsten und einzigen Jugendfreundes und einer Tochter seines Freundes Wieland geschlossen hat — eine Verbindung, die in jedem Betracht so ganz nach den innersten Wünschen meines Herzens ist, daß ich mich nicht erwehren kann, dem schönen Wahn der vortrefflichen Salomo Geßnerschen Wittwe Raum zu geben, und mit ihr zu glauben, daß der Geist meines verewigten Freundes selbst diese Ehe geknüpft habe."

In seiner eigenen Ehe blieb Wieland immer dem schon früh gefaßten Grundsatze treu, in seinem Aufwande nie die durch seine Lage und seine Verhältnisse ihm vorgeschriebenen Grenzen zu überschreiten. Einfach und schlicht, wie seine Lebensweise, war Wielands Wohnung und Kleidung. Nichts erinnerte in seinen Umgebungen an Prunk und Glanz, und Luxusartikel kannte er fast gar nicht. Ueberall aber zeigte sich in seinem Haushalt die äußerste Sauberkeit und Ordnung. Sein Mittagstisch war einfach, und überhaupt jede Ueppigkeit und Verschwendung ihm völlig fremd. Er sah ein, daß der Seinigen Ruhe, wie seine eigene, durch einen seine Kräfte übersteigenden Aufwand leicht gefährdet werden konnte.

Seine Sparsamkeit artete nie in Geiz aus. Es war ein harmloses Spiel, wenn er zuweilen mit Wohlgefallen empfangene Goldstücke betrachtete oder sich dergleichen Münzen gegen Silbergeld einwechselte. Er mußte sich sagen, daß er sie doch nicht behalten konnte, und willig gab er sie hin zu nöthigen und unentbehrlichen Ausgaben.

Völlig fremd war Wielands Charakter jede Art von Habsucht und Eigennutz. Sein poetischer Sinn machte ihn gleichgültig gegen den Erwerb, so wenig er das Erworbene verschwendete. Schon seinen hausväterlichen Pflichten glaubte er das schuldig zu seyn. Doch übte er Gastfreundschaft im schönsten Sinne des Worts. Seine Freunde fanden bei ihm immer die herzliche Aufnahme, die ihm selbst in seinen Jugendjahren in Bodmers Hause zu Theil geworden war. So weit es seine Kräfte irgend erlaubten, half er jedem, der sich an ihn wandte, gern mit Rath und That. Um aufkeimende Talente zu unterstützen, bewilligte er für Beiträge zu seinem „deutschen Merkur" mitunter ein höheres Honorar, als er selbst erhielt. Aus Gutmüthigkeit wies er selbst Manuscripte, die er nie abdrucken ließ, nicht zurück, sondern zeigte sich bereit, sie zu bezahlen — eine Liberalität, durch welche der Gewinn, den ihm sein Journal abwarf, nie bedeutend werden konnte.

Im Grunde war Wieland in Bezug auf sich selbst sparsamer, als gegen Andere. Darin lag auch vielleicht der Grund, weshalb er während seines Aufenthalts in Weimar nur wenige Reisen unternahm, obgleich er sie zur Erholung von angestrengten Geistesarbeiten wohl bedurft hätte. Seine eigene Aeußerung, daß er „ein Mensch sei, der selten aus seinem Schneckenhäuschen heraus krieche", schien sich an ihm bewähren zu wollen. In einem Briefe an Gleim setzte er die Gründe auseinander, weshalb er einer Einladung, nach Halberstadt zu kommen, nicht folgen könne. „Tausend seidene Bänder", schrieb er, „fesseln mich an Weimar. Ich bin in den Boden eingewurzelt und um nur Eins zu sagen, wie kann ich, oder wie könnte meine Frau mit mir, sich von den Kindern trennen? Unser Haus ist eine kleine Welt für uns geworden. Aber Sie, liebster Gleim, Sie haben keine solchen Hindernisse. Kommen Sie zu uns, und versuchen Sie einmal, wie sich's in meinem Hause lebt, wo alle Augenblicke aus irgend einem Winkel ein anderes Bübchen oder Mädchen, auf das man nicht gerechnet hatte, hervorgekrochen kommt."

Eine Reihe von Jahren verstrich, ehe Wieland, den nicht blos die Liebe zur Gemächlichkeit, sondern auch die mannigfachen mit der Herausgabe des „deutschen Merkur" verbundenen Geschäfte an sein Haus fesselten, sich mit Reiseplänen beschäftigte. Zur Stärkung seiner Gesundheit entschloß er sich 1794 zu einem Ausflug nach Leipzig und Dresden. Nach der letztgenannten Stadt zog ihn die dortige Gemäldegallerie. Er wünschte in Dresden das strengste Incognito zu beobachten. An seinen Freund und Verleger Göschen schrieb er darüber: „Ich weiß nicht, warum

Frau Fama so grillenhaft ist, sich schon im Voraus mit einer so unbedeutenden Sache, als meine Excursion nach Dresden ist, so viel zu thun zu machen. Es ist meine Meinung gar nicht, mich in Dresden Allen, die mich in Beschlag nehmen sollten, preiszugeben. Weder meine Gesundheit, noch meine Diät, die ich in meinen Jahren bei einer äußerst zarten und reizbaren Constitution zu beobachten habe, noch meine Absicht, meine Zeit in Dresden zur Betrachtung der dortigen herrlichen Gemäldesammlung zu benutzen, könnte sich mit vielen Aufwartungen, Besuchen, Diners und Soupee's vertragen, und ich wollte die Reise dorthin lieber ganz aufgeben, als die Freiheit, auch in Dresden (wo freilich keine Freiheitsbäume so leicht Wurzel fassen können) nach meinem eigenen Sinn und Willen zu leben."

Dieser Wunsch ging nicht ganz in Erfüllung. So gern auch Wieland jeder Gelegenheit, sich gefeiert zu sehen, auswich, hatte er es doch nicht vermeiden können, in Pillnitz dem Churfürsten vorgestellt zu werden. Manche interessante Bekanntschaften, die er in Dresden machte, ließen ihn jedoch seine Reise nicht bereuen. Mit größern Hindernissen hatte er zu kämpfen, ehe er die Idee, das Land wieder zu sehen in dem er seine Jugend verlebt, realisirte. Nicht nur für den „deutschen Merkur", sondern auch für die ununterbrochene Fortsetzung des Drucks seiner sämmtlichen Werke hatte er Sorge tragen müssen, ehe er an einen sechsmonatlichen Aufenthalt in der Schweiz denken konnte, von welchem er sich, nach seiner eigenen Aeußerung, „für seinen innern und äußern Menschen viel Gutes versprach." Nicht blos die Sehnsucht, seine an den Buchhändler Geßner in Zürich verheirathete

Tochter Charlotte wiederzusehen, bewog ihn zu jener Reise. Auch sein leidender Gesundheitszustand mußte ihm sagen, daß ihm Erholung höchst nöthig sei. „Ich bedarf", schrieb Wieland, „einer solchen Aufziehung meines innern Uhrwerks, und die Freuden des Herzens, die mich in der Geßnerschen Familie erwarten, werden ein Trunk aus der Fontaine de Juvence für mich seyn."

Ein Anflug von Hypochondrie, wie er selbst gestand, machte allerlei Bedenklichkeiten in Wieland rege, ehe er sich entschloß, die Reise nach der Schweiz anzutreten. „Man spricht und schreibt", äußerte er in einem seiner damaligen Briefe, „gar so viel von der Unsicherheit der Landstraßen in Franken und Schwaben, wo zahlreiche Räuberbanden sich eingenistet haben sollen, daß ich in der That nicht weiß, ob ich Recht thue, eine so gefährliche Reise mit Weib und Kindern zu wagen. Ueberhaupt kommt mir ganz Deutschland jetzt nicht viel besser vor, als es in den Zeiten des dreißigjährigen Krieges war, und ich gestehe, daß ich alles Zutrauen zu den Menschen verloren habe, und in jedem Unbekannten einen Dieb und Mörder zu sehen glaube." An seinen Schwiegersohn, den Buchhändler Geßner, schrieb Wieland bald nachher: „Ich sollte freilich, wenn ich auch nur so viel Glauben hätte, als der zehnte Theil eines Senfkorns, mehr Vertrauen setzen in die lieben Engelein, die uns geleiten werden. Aber das ist eben das Elend, daß ich weniger Glauben habe, als der heilige Sanct Thomas, und auch nicht viel mehr Herz als Glauben. Da lob' ich mir meine ehrliche Hausfrau, eure Mutter! Die ist so zart, als ob sie aus Postpapierschnitzeln gemacht wäre, und hat Herz und Unerschrockenheit und Heldenmuth, trotz der tapfersten aller Marfisen und Bradamanten."

Am 24. Mai 1795 war Wieland mit seiner Frau und drei Kindern, Caroline, Wilhelm und Luise, in einen bequemen Wagen, den er der Herzogin Amalia verdankte, von Weimar abgereist. Die freundliche Aufnahme, die er unterwegs an mehrern Orten, besonders in Nürnberg gefunden, ward noch übertroffen durch die zahlreichen Beweise von Liebe und Wohlwollen, die er von ältern und jüngern Freunden bei seinem Eintritt in die Schweiz empfing. An Göschen schrieb Wieland den 8. August 1795. „Sie erhalten dies Blättchen nicht — wie Sie billig vermuthen könnten — von den Ufern des Lethe, dessen Anwohner ein süßes Vergessen aller Dinge über der Erde eingesogen haben, sondern von dem rechten Ufer des Zürchersees, in dessen Nachbarschaft ich ein artiges kleines Häuschen schon seit ungefähr acht Wochen bewohne, und mich so wohl befinde, als ob ich in meinem nun bald zurückgelegten 63sten Jahre auf neue Rechnung zu leben anfangen sollte. Sie kennen das Land und den Ort und die liebenswürdigen Menschen, mit denen ich lebe. Sie haben sich selbst, wenn ich nicht irre, mehrere Tage in dem Geßnerschen Hause aufgehalten, und wenn Sie sich nun das Vergnügen denken, in welches ich durch eins meiner liebsten Kinder mit demselben gekommen bin, so werden Sie sich leicht vorstellen können, daß Tage und Wochen mit einer mir selbst kaum begreiflichen Geschwindigkeit, über meinem Haupt wegfliegen, und wie lange mein hiesiger Aufenthalt auch währen könnte, er mir am überraschenden Tage des Scheidens doch immer nur ein kurzer Morgentraum scheinen wird."

Durch manche Besorgnisse, die der Gang der politischen Ereignisse in ihm weckte, fühlte sich Wieland bewogen, seine Abreise zu beschleunigen. „Der Krieg", schrieb er, „hat sich nun von den Ufern des Rheins und Neckars bis in's Herz von Deutschland gezogen. Alles weicht dem unaufhaltsamen Strom, und es fehlt hier nicht an Gerüchten, die uns auch für die Reiche von Thüringen und Sachsen bekümmert machen könnten, wofern es den Westfranken vielleicht Ernst seyn sollte, allen freiwilligen sowohl als gezwungenen Theilnehmern an dem Göttern und Menschen verhaßten Kriege ihre schwere Hand fühlen zu lassen. Haben nun auch die Zeitumstände mich die Wonnetage, die ich mir von meinem hiesigen Aufenthalt versprach, nicht so rein genießen lassen, als ich wohl gewünscht hätte, so ist doch einer von den Hauptzwecken meiner Reise erreicht. Ich befinde mich ungemein wohl, und wenn der gute Genius, der meine Reise von Weimar nach Zürich begünstigte, mich auch von Zürich nach Weimar zurückgeleitet, so darf ich hoffen, die guten Folgen derselben für meine Gesundheit und die Munterkeit meines Geistes noch mehrere Jahren zu verspüren."

Am 15. September 1795 meldete Wieland, daß er letztverwichenen Sonntag um zwei Uhr Nachmittags mit seiner lieben Reisegesellschaft gesund und wohlbehalten in Weimar angekommen sei. „Sein guter Genius", schrieb er, „habe es so geleitet, daß er auf der ganzen Route über Stuttgart, Heilbronn, Schwäbisch-Hall, Anspach, Nürnberg, Bamberg, Coburg und Saalfeld keinen Franzosen zu Gesicht bekommen, auch nirgends kaiserliche Truppen angetroffen, auf keiner Post länger als eine Stunde aufgehalten worden sei, daß er seine aus Vorsicht mitgenommenen deutschen und französischen Pässe auch nicht ein einziges Mal nöthig gehabt, und mit Einem Worte so ruhig und bequem gereist sei, als ob überall Friede wäre."

Sein Aufenthalt in der Schweiz hatte ihm das Landleben von einer so anmuthigen Seite gezeigt, daß ihm, der, nach seinem eignen Geständniß, „gern wie Horaz, durch's Leben weggeschlichen wäre, und der nichts mehr haßte als Stadt-, Hof- und Weltgetümmel", sich oft der sehnsuchtsvolle Wunsch aufdrang, in ländlicher Zurückgezogenheit, der Natur, sich selbst und den Seinigen leben zu können. Die Achtung und Neigung fürstlicher Gönner, die Freundschaft mancher vorzüglichen Männer, die Weimar damals in sich versammelte, hätten ihn in jenem Entschluß wankend machen können. Oft aber ergoß sich Wieland in bittere Klagen, daß er bei aller Muße doch ein sehr zerstückeltes Leben führe, mit Unterbrechungen durch Besuche von Einheimischen und Fremden. Sein Zartgefühl für das Schickliche versetzte ihn in eine sehr unmuthige Stimmung, wenn er von Fremden im Schlafrock und in der Nachtmütze überrascht ward. Trostlos machte ihn besonders die Vorstellung, daß seine arglos hingeworfenen Aeußerungen von solchen Besuchenden aufgefangen und öffentlich bekannt gemacht werden könnten. All' diesem Ungemach glaubte er in einer ländlichen Zurückgezogenheit zu entgehen, die ihm überdieß manchen Lieblingsplan, der seinen Geist beschäftigte, auszuführen vergönnte. Ernstlich dachte er längere Zeit daran, seinen bisherigen Aufenthalt in Weimar mit einem freundlichen Landhause bei Hohenstädt, unweit Grimma, zu vertauschen. Viel Lockendes hatte für ihn die Idee, dort seines Freundes Göschen Nachbar zu werden. Seine Verhältnisse zum Weimarischen Hofe nöthigten ihn indeß, diesen Plan wieder aufzugeben.

Den Aufenthalt in dem unweit Weimar gelegenen Rittergute Tannrode malte sich Wielands Poesie mit den glänzendsten Farben aus. Ueber den Ankauf dieses Gutes, das der Familie von Egloffstein gehörte, pflog er Unterhandlungen. Er nannte es in einem seiner Briefe ein ächtes Horazisches Sabinum. „Ich schmeichle mir", schrieb er, „wenn ich erst in meinem alten Schlößchen Tannrode etablirt seyn werde, in der herrlichen Luft und der schönen Natur, die mich dort umgeben wird, neue Munterkeit und Kraft zu meinen Geistesarbeiten zu erhalten." Diese Idee gab Wieland jedoch wieder auf. Er entschloß sich zu dem Kauf des unweit Weimar gelegenen Gutes Osmanstädt für die Summe von 22,000 Thalern. Diese Summe glaubte er theils durch den Verkauf seines Hauses in Weimar, theils durch ein etliche Jahre verzinsliches und nach und nach abzutragendes Capital decken zu können, das er durch Vermittlung seines Freundes Göschen zu erhalten hoffte.

Mit manchen Hindernissen hatte Wieland, da Göschen's Antwort ablehnend ausfiel, noch zu kämpfen, ehe er seinen Lieblingswunsch realisiren konnte. Seinen Credit in Weimar wollte er nicht benutzen. „Davon bin ich ziemlich überzeugt", schrieb er, „wenn alle andern Stricke reißen sollten, der Herzog würde mich nicht in der Noth stecken lassen. Aber ich habe mehr als Eine Ursache, zu diesem heroischen Mittel, nur im äußersten Nothfall zu concurriren." In einem Briefe an Göschen äußerte Wieland: „Hören Sie, lieber Freund, wie ich glaube, daß meine Angelegenheit, ohne daß Ihnen oder mir zu wehe dabei geschieht, arrangirt werden könnte; denn ganz kann ich Sie freilich nicht aus dem Spiel lassen, so sehr ich's auch thun zu können wünschte. Sie sind nun einmal, weil Sie es selbst so gewollt haben, mein Verleger, und müssen es seyn und bleiben, dafür ist kein Rath." — Nachdem Wieland nun das Honorar für die neue Ausgabe seiner Werke auf 7000 Thaler festgesetzt hatte, schloß er seinen Brief an Göschen mit den Worten. „Warum ich Sie bitte, ist, daß ich auf künftigen Michaelistag 4000 Thaler von Ihnen zu empfangen sicher rechnen könnte."

Wie wohl sich Wieland fühlte in seinem „Osmantinum" oder seiner „Oberinstädtischen Retraite", wie er sein ländliches Asyl mitunter nannte, schilderten mehrere seiner damaligen Briefe. Am 25. April 1797 hatte er dort, nach abgeschlossenem Kauf, seinen Einzug gehalten. Ein Vierteljahr später, den 25. Juli, schrieb er: „Mir ist, als ob gar keine andere Art zu existiren für mich möglich sei, und die Weimarischen Propheten, die als ganz unfehlbar voraussahen, daß ich mich gar jämmerlich auf dem Lande und vis à vis de moi même langweilen würde, bestehen mit Schande. Auch sperren sie die Augen mächtig darüber auf, daß ich so heiter und vergnügt aussehe, und können sich daß Phänomen gar nicht erklären. Ich hingegen begreife das Wunder sehr gut, und in der That ungleich besser, als wie ich die vier und zwanzig Jahre, die ich in Weimar gelebt, noch so leidlich habe aushalten können. Landluft, unverkünstelte Natur, viel Gras und schöne Bäume, äußere Ruhe und freie Disposition über mich selbst und meine Zeit — das Alles zusammengenommen ist, so zu sagen, mein Element, so gut, wie die Luft des Vogels und das Wasser des Fisches Element ist; und es geht also ganz natürlich zu, daß ich darin gedeihe."

Wieland war damals unerschöpflich im Lobe des Landlebens, das, wie er glaubte, sehr wohlthätig auf seinen Gesundheitszustand einwirke. Er schrieb darüber den 19. December 1797 einem Freunde: „Das Angenehmste ist, daß ich in diesem veränderlichen, dumpfen und schlackrigen Winter eine über alle Menschenerwartung hinausgehende Probe über meine Leibesconstitution mache. In der Stadt würde ich mich in diesen verwichenen acht Wochen wahrscheinlich ziemlich schlecht befunden haben; hier in meinem Hause zu Osmanstädt befinde ich mich ununterbrochen wohl und munter, arbeite an meinem Schreibtisch mit Succeß, habe, ungeachtet ich wenig an die Thür komme, guten Appetit, und schlafe weit besser, als ehemals. Alles dies entscheidet, wenigstens was mich betrifft, den Vorzug des Landlebens vor dem Stadtleben, nichts von den negativen und passiven Vorzügen zu gedenken, welche die Landmaus beim Horaz gegen ihre Freundin, die Stadtmaus, geltend macht. Nebenher thut mir auch das Bewußtseyn wohl, daß ich meinen Garten bereits in einen merklich bessern Zustand versetzt habe. Ueber dreihundert Bäume habe ich gepflanzt, von deren größerem Theil, wenn sie gut durch diesen Winter kommen, ich wenigstens die ersten Früchte zu erleben hoffen kann; und das, was ich auf Cultur und Verbesserung verschiedener, nach und nach durch Verwahrlosung in Abnahme gekommener Parthien bereits gewandt habe und noch verwenden werde, wird schon im künftigen Jahre so auffallend seyn, daß, wer mich wieder besucht, sich in ein kleines Paradies versetzt zu sehen glauben wird."

Unter den erwähnten ländlichen Beschäftigungen war Wieland seinen literarischen Arbeiten nicht untreu geworden, obgleich manche darunter ihm so viel Beschwerden und Verdruß bereiteten, daß er sehnlich wünschte, sich ihrer entledigen zu können. Den „deutschen Merkur" würde er, wenn er den mäßigen Gewinn, den ihm diese Zeitschrift abwarf, hätte entbehren können, zuerst aufgegeben haben. Sehr unwillig ward er mitunter über die reichlichen Zusendungen schlechter Verse und anderer mittelmäßiger Produkte. Besonders ward Wielands Zeit zerstückelt durch die Beantwortung zahlreicher Briefe, die aus allen Gegenden Deutschlands an ihn gelangten. In dieser Beantwortung war er freilich mitunter so saumselig, daß er die deshalb ihm gemachten Vorwürfe wohl verdient zu haben glaubte, und sich selbst bisweilen noch schärfer tadelte. Wielands Humor, der ihn nie ganz verließ, gab ihm einst eine öffentliche Erklärung ein, durch die er den zu häufigen und werthlosen Manuscriptsendungen vorbeugen wollte.

„Verschiedene, welche mich," schrieb er, „mit allerlei theils versificirten, theils prosaisch-poetischen Aufsätzen, Idyllen u. dgl. für den Merkur zu beschenken die Gewogenheit hatten, setzen mich in eine Art von Verlegenheit, deren ich gern auf immer überhoben zu seyn wünsche. Ihr geneigter Wille verdient Dank; aber es entsteht hier eine leidige Collision von Pflichten, deren Effekte weder ihnen noch mir angenehm seyn können. Einige scheinen von der Güte ihrer Producte so überzeugt zu seyn, daß man ihnen, ohne Beleidigung, weder sagen, noch zu verstehen geben kann, man sei anderer Meinung. Andere sind zwar bescheidener, geben sich blos für Anfänger aus, bitten um Nachsicht, oder daß man ihnen ihre Lection corrigiren, oder ihnen wenigstens sagen möchte, ob sie zur Dichterei berufen seien oder nicht. Aber sie bringen das mit einer so sichtbaren Erwartung eines höflichen, d.i. ihrer Eigenliebe schmeichelnden Bescheides vor, daß man's kaum über's Herz bringen kann, ihnen durch eine ehrliche Antwort wehe zu thun. Hierzu kommt noch, daß unser einer — der von einem solchen jungen Candidaten des Musenpriesterthums gefragt wird: Meister, was soll ich thun? und ihm nach seinem Gewissen die Antwort werden läßt: Alles, lieber Freund, nur keine Verse machen! — sich darauf verlassen kann, daß der junge Aspirant diese Antwort geradezu für einen Beruf annehmen wird, sich nun erst recht auf's Versemachen zu legen. Denn — sagt er zu sich selbst — meine Verse müssen doch wohl gut seyn, weil Wieland sich fürchtet, daß ich ihn ausstechen werde, und mich also gleich an der Schwelle des Musentempels gern zurückschrecken möchte. — Wie könnte der arme Verfasser des Winter- und Sommermährchens sich unterstehen, einem solchen Rivalen etwas Unangenehmes zu sagen? Der junge Mann würde natürlicher Weise denken müssen, es verdrieße Wieland nur, sich in Leichtigkeit der Verse und guter Art zu erzählen, übertroffen zu sehen. Das will ich denn auch dem jungen Dichter hiermit ohne Widerrede zugestanden haben. Nur der Merkur ist kein würdiger Schauplatz für solche Originalwerke. Mein unmaßgeblicher Rath ist, sie besonders, und um des Effects willen, auf prächtigem holländischen Papier, mit Kupfern von Chodowiecky, abdrucken zu lassen. Der Verfasser wird an der Wirkung sein Wunder sehen! Jetzt ist gerade der rechte Zeitpunkt, wo die Nation für solche Werke Sinn hat, denn man sieht ja, wie gut sie den Oberon aufgenommen, der doch nur auf schlechtem Papier, und ohne Kupfer von irgend Jemand, sein Fortkommen in der Welt suchen mußte."

Ein anderes Ungemach, worüber Wieland sich oft bitter beklagte, erwuchs ihm aus den zeitraubenden Correcturen, die er zwanzig Jahre hindurch allein besorgt, und erst 1793 sie einem Hausgenossen, einem Candidaten der Theologie, Lütkemüller mit Namen, übertragen hatte. Mit Unmuth äußerte sich Wieland oft über das unleserliche Manuscript. Jeder Gelehrte und Schriftsteller, äußerte er, sollte eine leserliche Hand schreiben, das könne man mit Fug und Recht fordern; sonst müsse er seine Druckschriften von einem seiner Hand kundigen Schreiber gut copiren lassen. Dergleichen Verdrießlichkeiten, gegen die er durch lange Gewohnheit hätte gleichgültig werden sollen, erzeugten in ihm sogar den Gedanken, die Herausgabe des „deutschen Merkurs" aufzugeben, ungeachtet dies Journal für ihn bisher keine unbedeutende Erwerbsquelle gewesen, und von talentvollen Köpfen, unter andern seit 1785 von Reinhold, und seit 1788 von Schiller durch gehaltvolle Beiträge unterstützt worden war.

Am 26. November 1798 theilte Wieland seinem Freunde Göschen die Nachricht mit, daß der „deutsche Merkur" mit dem December aufhören werde. Vierzehn Tage nachher widerrief er jedoch diesen Entschluß, und erklärte sich für die Fortsetzung seines Journals, wenigstens bis zum Schluß des Jahrhunderts. Der Rath seiner Freunde mochte ihn zu diesem

Entschluß gebracht haben, von welchem ihn ein Blick auf den damaligen Zustand der deutschen Literatur zurückgeschreckt hatte. Die Kantische Philosophie, die ihm durch Reinholds Bemühungen, ihre Principien immer allgemeiner zu verbreiten, nicht unbekannt hatte bleiben können, äußerte ihren Einfluß auf alle wissenschaftliche Forschungen. Unverkennbar war besonders der Einfluß jener Philosophie auf die neuere Aesthetik, an deren Stelle jetzt eine Geschmackscritik treten sollte. Dagegen hatte Wieland im Wesentlichen nichts einzuwenden. Aber die neue philosophische Schule, die sich aus der Kantischen gebildet, schien ihm eine gänzliche Umgestaltung der Aesthetik herbeizuführen, seit man angefangen hatte, sie auf die Grundideen der Fichte'schen Wissenschaftslehre zu reduciren. Dies war besonders von Schiller in den „Horen" geschehen. Mit wachsender Besorgniß sah Wieland an die Stelle ruhiger Untersuchungen eine neue Sturm- und Drangperiode treten, und wie in der politischen Welt, schien auch im Gebiet der Aesthetik eine Art von Terrorismus vorherrschend werden zu wollen. Auf's Heftigste erregt ward die Leidenschaft der verschiedenen Partheien durch die in dem Schillerschen Musenalmanach vom Jahr 1797 gedruckten „Xenien."

Die Verfasser dieser Epigramme, Goethe und Schiller, waren Wielands Freunde. Seiner Verehrung Goethe's ist bereits früher gedacht worden. Schillers Talenten jedoch hatte Wieland anfangs nicht volle Gerechtigkeit widerfahren lassen in einer ziemlich harten und fast unbilligen Beurtheilung einiger Scenen des „Don Carlos", welche Schiller in der „Thalia" mitgetheilt hatte. Wielands Urtheil enthielt ein Brief vom 6. März 1785. „Ich kann irren," schrieb er, „jedenfalls aber spreche ich nach meiner innigsten Ueberzeugung, wenn ich sage, daß ich weder die Charaktere in diesem Stück richtig gezeichnet, noch die Leidenschaften mit Wahrheit dargestellt finde; daß ich auch dann, wenn ich zugeben könnte, daß es einem Tragödienschreiber, der seine Personen aus dem sechzehnten Jahrhundert an dem Hofe König Philipps II. nimmt, erlaubt sei, sie in ideale Phantasiegeschöpfe zu verwandeln, doch die psychologische Wahrheit nicht selten an ihnen vermisse, ohne welche sie allenfalls, wenn man will, schöne Carricaturen seyn mögen, aber doch immer nur Carricaturen sind; daß ich ziemlich häufig auf Gedanken und Ausdrücke gestoßen bin, die, meinem Gefühl nach, bald schwülstig, bald zur Unzeit witzig, bald sonst unschicklich und der redenden Person nicht anständig sind; und daß überhaupt die Sprache in diesem Stück sehr weit davon entfernt ist, was nach meinem von Sophokles und Racine abgezogenen Ideal die schöne Sprache der Tragödie seyn soll."

Ungeachtet dieser strengen Critik, die ihm eine unmuthige Stimmung eingegeben haben mochte, ward Schiller, als er einige Jahre später (1787) nach Weimar kam, von Wieland mit väterlicher Zuneigung empfangen. „Wir werden schöne Stunden haben," schrieb Schiller; „Wieland ist jung, wenn er liebt." Ein freundschaftliches Verhältnis zwischen beiden Dichtern dauerte fort, und ward noch fester geknüpft durch Schillers Beiträge zum „deutschen Merkur." Im December 1787 eröffnete Wieland dem Publikum die Aussicht, daß „Schiller mit dem nächsten Jahrgange vielleicht jedes Monatsstück mit einem Aufsatze seiner Hand zieren werde, die schon in ihren ersten Versuchen den künftigen Meister verrathe, und nun, da sein Geist den Punkt der Reise erreicht habe, die Erwartung rechtfertige, die sich das Publikum von dem Verfasser des „Fiesko" und des „Don Carlos" zu machen Ursache gehabt habe." Wieland fügte hinzu: „Da ich selbst vom Mittelpunkt des Lebens schon einige Jahre herabsteige, und täglich mehr Gelegenheit finde, an mir selbst zu erfahren, wie wahr das Virgilische: Facilis descensus Averni in mehr als Einem Sinne ist, so gereicht es mir zu nicht geringer Ermunterung, diesen vortrefflichen jungen Mann an meiner Seite zu sehen; und mit solcher Unterstützung darf ich sicher hoffen, den deutschen Merkur seinem ersten gemeinnützigen Zwecke in Kurzem auf eine sehr merkliche Art näher zu bringen."

Mehrere Stellen in Wielands damaligen Briefen sprachen für seine Anerkennung und Hochachtung Schillers. Mit liebenswürdiger Bescheidenheit weigerte sich Wieland, für den „historischen Calender", den Schiller damals herausgab, das Leben des Cardinals Richelieu zu schildern. Er wollte nicht mit Schiller in die Schranken treten, der für jenen Calender seine „Geschichte des dreißigjährigen Kriegs" lieferte. „Diese Geschichte," schrieb Wieland, „hat so viele Leser gehabt, als es in dem ganzen Umfang unserer Sprache Personen giebt, die auf einigen Grad von Cultur des Geistes Anspruch zu machen haben. Von einem Schriftsteller verfaßt, dessen frühere Werke in der dramatischen Dichtkunst sowohl, als in derjenigen, die sich mehr dem Gebiet der historischen Muse nähert, große Erwartungen von dem, was sein Geist in dem Zeitpunkt seiner Reise leisten könnte, erweckt hatten, übertraf sie selbst diejenigen, zu welchen man sich durch seinen ersten Versuch in dem historischen Fache berechtigt hielt; einen Versuch, der bereits alles, was unsere Literatur in dieser Hinsicht aufzuweisen hatte, hinter sich zurückließ, und natürlicher Weise in Allen, denen der Ruhm der Nation nicht gleichgültig ist, den Wunsch erregen mußte, daß ein Schriftsteller, der bei seinen ersten Schritten in dieser neuen Laufbahn ein so entschiedenes Talent gezeigt hatte, sich zu einem Platze neben Hume, Robertson und Gibbon emporzuschwingen, sich, wo nicht gänzlich, doch hauptsächlich, der Geschichte unseres Vaterlandes widmen möchte."

Mit diesem Urtheil war es Wieland Ernst, und das Verhältnis zwischen ihm und Schiller erhielt sich in der ursprünglichen Reinheit, wie es der Letztere mehrere Jahre zuvor (1787) durch die Worte bezeichnet hatte: „Mit Wieland bin ich ziemlich genau verbunden, und ihm gebührt ein großer Antheil an meiner jetzigen Behaglichkeit, weil ich ihn liebe, und Ursache habe zu glauben, daß er mich auch liebt." Schillers Gesinnungen gegen Wieland, wenn sich auch seine ästhetischen Ansichten geändert hatten, waren dieselben geblieben. Wieland dagegen schien ihn mit einer Art von Neid zu betrachten. Die Anzeige der neuen Ausgabe seiner Werke, von denen die erste Lieferung erschienen war, hatte er mit den Worten begleitet: „Wäre es auch nur, damit man uns nicht gar über den neu erschienenen Horen aus dem Gesicht verliert, die jetzt die allgemeine Aufmerksamkeit beschäftigen, und in der Allgemeinen Literaturzeitung so pompös angekündigt und so hyper-pompös recensirt worden sind."

Weder in den „Horen", noch in den „Xenien" war Wieland in Vergleich mit andern Schriftstellern auf eine Weise angegriffen worden, die ihn hätte veranlassen können, sich persönlich zu beklagen. Nur in einem Anflug übler Laune hatte er sich durch einige Xenien (Göschen an die deutschen Dichter, Peregrinus Proteus u.a.) verletzt fühlen können. Der Tadel war meistens weniger gegen ihn, als gegen seine Nachahmer, besonders den Rector Manso in Breslau, gerichtet. Aber der Ton, der in jenen Epigrammen herrschte, und der Uebermuth, der sie charakterisirte, war Wielands Urbanität zuwider. Er glaubte, seine Meinung darüber öffentlich aussprechen zu müssen, und wählte dazu die Form des Dialogs, der ihm gönnte, den schärfsten Tadel auszusprechen, und sich doch zugleich den Schein zu geben, als vertheidige er die Verfasser der „Xenien." Er bezweifelte sogar, daß sie, ungeachtet des allgemeinen Gerüchts, aus Schiller's und Goethe's Feder geflossen seyn könnten. Die bedenkliche Frage, wie diese Epigramme in den Musenalmanach gekommen wären, suchte Wieland mit einer seinen satyrischen Wendung dadurch zu erklären, daß Schiller, aus Mangel an Zeit, das Ordnen seiner Distichen nicht selbst besorgt habe. „Das Geschäft," schrieb Wieland, „kam zur bösen Stunde in die Hände irgend eines jungen, lebhaften, von Witz und Muthwillen strotzenden, für Goethe und Schiller enthusiastisch eingenommenen Kunstjüngers, welcher der Versuchung nicht widerstehen konnte, diese Gelegenheit zu benutzen, und — vielleicht weniger in der Absicht, sich ein Verdienst um seine magnos amicos zu erwerben, als um sie zu rächen, und ein schreckliches Exempel an ihren Widersachern zu statuiren — in aller Stille eine gute Anzahl derber, handfester Distichen von seiner eignen Fabrik hinzuthat. Das in den parvum amicum gesetzte allzu große Vertrauen wäre denn also das Einzige, was dem Herausgeber des Almanachs zur Last gelegt werden könnte, und wofür er durch den häßlichen Spuk, den die „Xenien" machen, mehr als zu viel bestraft ist. Wer weiß, welches Meisterwerk, das uns allen Freude machen wird, ihn damals beschäftigte, als er dem jungen Brausekopf die Sorge für seinen Musenalmanach überließ, und sich dadurch unwissend manchen bittern Augenblick bereitete."

Unter dieser schonenden Wendung verbarg Wielands Ironie seine wahre Meinung, die er in einem Briefe an Göschen vom 29. November 1796 mit den Worten aussprach: „Ich habe wenig Freude daran, wenn Männer, wie Goethe und Schiller, der Welt eine solche Farce geben, und durch einen Muthwillen, der in ihren Jahren kaum verzeihlich ist, sich selbst eine pöbelhafte Behandlung zuziehen. Ich möchte eher darüber weinen, als lachen." Ueber die ihm gesandten Gegen-Xenien, die der Buchhändler Dyk in Leipzig verfaßt hatte, schrieb Wieland: „Ich werde mich wohl hüten, dieses von der Pleiße zu uns herüberschallende Echo hier Jemand mitzutheilen; ich fürchte jedoch, es wird ohne mich bekannt genug werden." In einem spätern Briefe vom 5. December 1796 äußerte Wieland: „Das hätten die Herren Götterbuben, um mit dem Verfasser des Ardinghello zu reden, doch voraussehen sollen, daß man beschmutzt wird, wenn man sich zum Spaß mit Gassenbuben herumbalgt."

Wielands Unmuth über die „Xenien", die er seinen Freunden geraume Zeit nicht verzeihen konnte, erhielt neue Nahrung durch die Reform im Gebiet der

Aesthetik, die damals von den Brüdern August Wilhelm und Friedrich Schlegel ausging. Ein patriotisches Interesse schien es nicht zu seyn, was ihre vereinten Bemühungen leitete, der deutschen Poesie einen neuen Schwung zu geben. Sie begünstigten vielmehr die poetischen Formen des Auslandes, und suchten durch Uebersetzungen und Nachbildungen eine neue Dichterschule zu begründen, die der romantischen Poesie vorzugsweise das Wort redete. Gewohnt, das Schöne und Gute überall anzuerkennen, wo er es fand, war Wieland jenen Bestrebungen nicht abgeneigt. Er erinnerte sich, daß er einst selbst ähnliche Wege betreten hatte, und erkannte daher das Fortschreiten einer jüngern Generation gern an. Was ihm aber keineswegs behagte, war der polemische Ton, durch den die Häupter der romantischen Schule die von ihnen aufgestellten Principien geltend zu machen suchten. Schonungslos griff eine von den Gebrüdern Schlegel herausgegebene Zeitschrift, „Athenäum" betitelt, seit dem Jahr 1798 alles an, was die „Xenien" noch verschont hatten. Auch Wieland entging diesem Schicksal nicht durch eine, späterhin von ihm selbst als voreilig erklärte Aeußerung in der Vorrede zu seinen sämmtlichen Werken. „Seine beinahe ein halbes Jahrhundert umfassende Laufbahn", schrieb er dort, „habe begonnen, da eben die Morgenröthe unserer Literatur vor der aufgehenden Sonne zu schwinden angefangen, und er beschließe sie, wie es scheine, mit ihrem Untergange."

Unter mehrern Angriffen, die seitdem von den Häuptern und Anhängern der romantischen Schule gegen das sogenannte goldene Zeitalter der Literatur gerichtet wurden, befand sich auch im zweiten Bande des „Athenäums" eine gegen Wieland gerichtete „Citatio edictalis." Sie lautete: „Nachdem über die Poesie des Hofraths und Comes Palatinus Caesarius Wieland in Weimar, auf Ansuchen der Herren Lucian, Fielding, Sterne, Bayle, Voltaire, Crebillon, Hamilton und vieler anderer Autoren Concursus creditorum eröffnet, auch in der Masse mehreres verdächtigt, und dem Anschein nach dem Horaz, Ariost, Cervantes und Shakspeare zustehende Eigenthum sich vorgefunden: als wird jeder, der ähnliche Ansprüche titulo legitimo machen kann, hierdurch vorgeladen, sich binnen sächsischer Frist zu melden, hernachmal aber zu schweigen." Dieser öffentliche Angriff Wielands war das Signal für alle Anhänger der romantischen Schule, über den genannten Dichter die wegwerfendsten Urtheile zu fällen, und ihm unter andern die Anerkennung des Hans Sachs im „deutschen Merkur" als sein bedeutendstes Verdienst um die literarische Welt anzurechnen. Kaum konnte ihm verargt werden, wenn er, tief gekränkt, in seinem Unmuth die Frage aufwarf: „Ob er das um seine Zeit und seine Nation verdient habe?"

Was ihn hauptsächlich schmerzte, war, daß der größere Theil derer, die ihn nicht tief genug herabwürdigen zu können glaubten, unter Goethes Aegide zu stehen schien, da das „Athenäum", unerschöpflich in dem Lobe dieses Dichters, zu den „drei größten Tendenzen des Zeitalters" außer der französischen Revolution und Fichte's „Wissenschaftslehre", auch „Wilhelm Meister's Lehrjahre" gerechnet hatte. Obschon der aufrichtigste Verehrer und Bewunderer Goethe's, fühlte Wieland sich ihm allmälich entfremdet, wenn auch Goethe's Persönlichkeit noch immer einen unwiderstehlichen Reiz auf ihn ausübte. An Herder, für den er längst eine große Zuneigung empfunden, schloß er sich um so inniger an, da Goethe und Schiller sich einander mehr genähert hatten, als es bisher der Fall gewesen war. Aber während Wieland Herder's Unmuth über Kant's „Kritik der reinen Vernunft" theilte, und sich bei einer Anzeige an Herders „Metakritik" zu einer leidenschaftlichen Philippika hinreißen ließ, fand er selbst Niemand, der die unbillige Behauptung, „er habe sich selbst überlebt", zu wiederlegen suchte. Zwar bemühten sich Kotzebue und Merkel, in dem „Freimüthigen" und in den „Briefen über die wichtigsten Produkte der schönen Literatur", Wieland an seinen Gegnern zu rächen, doch geschah es nicht selten auf eine für ihn unwürdige Weise.

Wie Wieland selbst über seine Gegner urtheilte, zeigte ein 1799 an einen Freund gerichteter Brief, der zugleich einige Andeutungen über sein Verhältniß zu Goethe und Schiller enthielt. „Warum ich Sie bitten möchte", schrieb Wieland, „wäre besonders dies: sich mit den Gebrüdern Schlegel und Comp. nicht abzugeben. Es sind grobe, aber witz- und sinnreiche Patrone, die sich Alles erlauben, nichts zu verlieren haben, nicht wissen, was Erröthen ist, und mit denen man sich beschmutzen würde, wenn man auch den Sieg über sie erhielte, welches doch beinahe unmöglich ist, da sie, auch geschlagen und niedergeworfen, gleich wieder aufstehn, und es nur desto ärger machen würden. Können Sie's aber ja nicht lassen, den Muthwilligen, die durch ein in Deutschland noch neues genre, nämlich französische persiflage, ihr Glück zu machen hoffen, etwas abzugeben, so beschwöre ich

Sie bei allen Göttern, lassen Sie wenigstens Goethe und Schiller aus dem Spiel, wär' es auch nur mir zu Liebe, und um allem Argwohn auszuweichen, als ob ich irgend einen directen oder indirecten Antheil an der Sache hätte. Ich stehe mit diesen beiden Matadoren in einem guten, mit Goethe in einem beinahe freundschaftlichen Verhältniß wie ich mir einbilde, wenigstens vor der Welt, denn de occultis non judicat praetor. Aber die Herren sind empfindlich und ein wenig argwöhnisch. Ich kann mich also nicht nur selbst, sondern auch meine Freunde können sich, mir zu Liebe, nicht genug in Acht nehmen, daß ich mit ihnen nicht compromittirt werde."

Von dem damaligen Unwesen in der deutschen Literatur fürchtete Wieland, nach einem Briefe vom 15. Februar 1801, einen dreifachen beträchtlichen Schaden. Jener jacobinische Sansculotismus, meinte er, werde erstens den Charakter unserer Nation, einer an Stupidität grenzenden Gleichgültigkeit gegen das Wahre, Schöne und Gute verdächtig machen; zweitens die ganze Classe der Gelehrten und Schriftsteller, die so ehrwürdig und vielvermögend seyn könnten, in der öffentlichen Meinung tief herabsetzen, sie ihres wichtigsten Einflusses berauben, und dadurch ihren Verächtern und Verfolgern unter den Großen und Aristokraten gewonnen Spiel geben. Endlich drittens werde jener Sansculotismus jungen Leuten, theils für eine kleinere Zeit, theils für ihr ganzes Leben, Kopf, Geschmack und Herz verwirren. „Alles aber", fügte Wieland hinzu, „will seine Zeit haben. Auch diese Periode der schändlichsten Anarchie in der Gelehrtenrepublik wird vorübergehen, und das unfehlbarste Mittel, ihr Ende zu beschleunigen, wäre, es wie ich zu machen, und zu thun, als ob gar keine Schlegel, Tieck's, Bernhardi's, Clemens Brentano's, und wie die Gesellen alle heißen, in der Welt wären."

Auf ähnliche Weise äußerte sich Wieland in einem Briefe an Voß: „Ich fange an, immer gleichgültiger zu werden gegen Bübereien dieser Art, und hülle mich sehr ruhig in das Bewußtseyn, daß ich ein Besseres um die Zeit, in der ich lebe, verdient habe. Was seit dem Moment, da ich etwas Gutes habe drucken lassen, d.i. etwa vom Agathon an, mir widerfahren ist und noch täglich widerfährt, wäre hinreichend, jeden Jüngling, der sich mit einiger Fähigkeit dem Dienst der Musen widmen wollte, abzuschrecken. Indeß hat die fast unbegreifliche Ungerechtigkeit meiner Zeitgenossen wenig Einfluß auf meine Glückseligkeit, und es war kein Compliment, sondern wahres herzliches Gefühl, als ich zu meiner Muse sagte:

Du machst das Glück von meinem Leben,

Und hört dir Niemand zu, so singst du mir allein.

Uebrigens hab' ich doch immer das Glück gehabt, dessen Horaz sich rühmte, von einer kleinen Zahl solcher Leute geliebt zu werden, deren jeder ein Publikum werth ist; und dies war auch immer für mein Herz genug. Ich habe immer die Kunst der Musen um ihrer selbst willen geliebt, und sie mit Liebe und aus Liebe getrieben. Das lauteste Zujauchzen aller Leser in der Welt würde mich für den kleinsten Fehler, den ich vermeiden konnte, und nicht vermieden hätte, nicht schadlos halten, wenn ihn gleich Niemand gesehen hätte, als ich."

So tröstete sich Wieland, und überließ sich in dem Gartenhäuschen, das er sich in seinem „Osmantinum", wie er seinen Wohnsitz gewöhnlich nannte, hatte erbauen lassen, der freundlichen Hoffnung, „noch manche selige Stunde zuzubringen und noch manchen geheimen Besuch von seiner Muse zu erhalten." Zu den Plänen, die er in seiner ländlichen Zurückgezogenheit entwarf und zum Theil ausführte, gehörten besonders Uebersetzungen aus dem Griechischen, aus Xenophon, Euripides und Aristophanes, die er unter dem Titel eines „Attischen Museums" herausgeben wollte. Tüchtige Gehülfen hatte er bei diesem Unternehmen an Jacobs und Hottinger. Den Letztern hatte er während seines Aufenthalts in der Schweiz kennen gelernt, und schätzte ihn sehr. „Ich kenne," schrieb Wieland, „keinen so ganz rein nach dem sokratischen Modell gebildeten Geist, als Hottinger."

Unter den Uebersetzungen der alten Classiker, die er für das „Attische Museum" unternahm, fesselte ihn vorzüglich der „Ion" des Euripides. Mit der Wahl dieser Tragödie verband Wieland eine Nebenabsicht. Durch eine fließende, dem Original treu nachgebildete Uebersetzung wollte er das gebildete Publikum veranlagen, dieselbe mit dem von A. W. Schlegel gedichteten Trauerspiel „Ion" zu vergleichen, das damals auf die Weimarische Bühne gebracht und vielfach besprochen worden war. So könnte man, meinte Wieland, mit eignen Augen sehen, wie beide denselben Stoff bearbeitende Künstler und ihre Werke sich gegen einander verhielten. Eine solche Vergleichung aber, „mit reinem Sinn für das Wahre, Schöne und Geziemende angestellt," könne für Freunde und Jünger der Kunst nicht anders als unterhaltend und belehrend seyn.

Von zwei eigenen Werken, „Agathodämon" und „Solon", die, wie er an Göschen schrieb, „noch als Embryonen in seinem Kopfe lägen," gab Wieland den Plan zu dem zuletzt genannten Werke wieder auf. Eine großartige Wirkung versprach er sich von den mannigfachen Schilderungen, die er in den „Briefen Aristipp's und seiner Zeitgenossen" entwerfen wollte. Dies Werk, von welchem er einen ausführlichen Plan entwarf, sollte eine seiner umfassendsten Schriften werden. Während der Ausarbeitung beschäftigten ihn indeß noch manche andere literarische Arbeiten. An seinen Freund und Verleger Göschen in Leipzig schrieb er den 19. Dezember 1797: „Es ist hohe Zeit, daß ich Ihnen einmal wieder ein kleines Lebenszeichen gebe. In der That, was das geistige, oder, vielleicht richtiger gesagt, was das literarische Leben betrifft, so lebe ich, seit die unfreundliche Jahreszeit eingetreten ist, vollauf. Ich komme nur selten aus meinem Museum, aus dem Hause gar nicht, arbeite von Morgen bis in die Nacht, finde Tage und Wochen unbegreiflich kurz und schnell, und habe demungeachtet seit dem 23. November eins der schwersten literarischen Abentheuer, eine metrische Uebersetzung der Wolken des Aristophanes glücklich, wie ich wenigstens hoffe, zu Stande gebracht."

Am 18. Februar 1798 meldete Wieland, daß er einige Dialoge politischen Inhalts, unter dem Titel „Gespräche unter vier Augen" auszuarbeiten angefangen habe, und noch mehrere folgen lassen werde, bis er „alles vom Herzen habe, was er in diesen kunterbunten Zeitläuften für Worte zu rechter Zeit halte." Daß er dabei doch einige Rücksichten genommen, zeigte seine eigene Aeußerung in einem spätern Briefe vom 7. November 1798. „Obgleich in meinen Gesprächen," schrieb Wieland, „die Sache der Menschheit freimüthig geführt wird, und Wahrheiten gesagt werden, die man weder zu Paris, noch zu Wien oder Petersburg von den Dächern predigen hört, so hab' ich, meiner Denkart und der Klugheit gemäß, vor allem, was einem auch nur halbweg vernünftigen Leser anstößig, oder dem Respect, den man den Machthabern schuldig ist, zuwiderlaufend scheinen könnte, mich sorgfältig gehütet, und hoffe also mit der Leipziger Censur in keine Collision zu kommen, wiewohl ich nicht dafür stehe, daß das Buch nicht zu Wien verboten werden wird, wie beinahe alles Gute, was außerhalb Wien an's Licht tritt."

Für eins seiner besten Werke hielt Wieland den bereits erwähnten „Agathodämon." Dies Urtheil, meinte er, werde die Nachwelt darüber fällen, so gleichgültig sein Werk auch für den Augenblick aufgenommen werden möchte. „Das siebente Buch des Agathodämon," schrieb Wieland, „war mir eine sehr schwere Aufgabe, vielleicht die schwerste von allen, die ich mir aufgeben konnte. Die Ausführung ward mir um so mühsamer, da Jahreszeit und Witterung Geistesarbeiten dieser Art sehr ungünstig waren, um mich selbst zu befriedigen. Ich habe das ganze Buch mehr als sechs Mal von neuem durch — und einige Hauptstellen ganz umgearbeitet, und des Feilens und Polirens wollte kein Ende werden. Nun ist es — wie es ist; ich bin mit mir selbst zufrieden, denn ich weiß, daß ich als Mensch, als schriftstellerischer Volkslehrer und als Dichter mein Bestes, und also meine Schuldigkeit gethan habe."

In eine sehr unmuthige Stimmung ward Wieland durch die Nachrichten versetzt, die er von dem geringen Absatz der Gesammtausgabe seiner Werke erhielt. An seinen Verleger, Göschen in Leipzig, schrieb er darüber den 15. Juli 1799. „Ich kann nicht anders, als mit tiefem Gefühl beklagen, daß ich mich selbst bereits überlebt habe. Ich weiß nicht, wie ich zu solchem Verfall meines Credits und meiner Gunst bei dem lesenden Publikum gekommen bin, und theile daher Ihre Meinung, daß es bei den zwei und dreißig Bänden wenigstens für das achtzehnte Jahrhundert sein Bewenden haben müsse. Vielleicht geht im neunzehnten Jahrhundert ein günstigerer Stern über uns auf, und ich will mich indeß, wie jener griechische Flötenspieler, begnügen, den Musen und mir selbst zu spielen."

Erholung von anstrengenden Geistesarbeiten fand Wieland in seinem ländlichen Asyl. Mannigfache Pläne zu Verbesserungen in seinem Hause und Garten gaben ihm die heitere Stimmung wieder, die er durch den Gedanken, wie tief sein literarischer Ruhm gesunken sei, verloren hatte. Noch öfterer würde er dem Mißmuth anheim gefallen seyn, wenn zu jener Verstimmung seines Gemüths sich noch körperliche Leiden gesellt hätten. Doch selbst in höherem Alter war ihm eine fast ununterbrochene Gesundheit geblieben. In einem Briefe an Göschen, vom 24. December 1798 wunderte sich Wieland selbst über sein Wohlbefinden. „Sie gründen darauf," schrieb er, „Ihre Hoffnung, daß ich ein ziemlich betagter Patriarch werden dürfte. Vor zwanzig Jahren hatte ich gar keinen Begriff davon, wie ich sechzig sollte alt werden können, und hatte zu diesem Mißtrauen in meiner Leibesbeschaffenheit allerdings viele und triftige Ursachen. Nach dem fünf und funfzigsten Jahre wurde meine Gesundheit unvermerkt immer fester, und ich befinde mich nun im sechs und sechszigsten so, daß ich ohne Absurdität mein zehntes Stufenjahr zu übersehen hoffen kann. Sie aber, lieber Freund, sollen und müssen mich überleben, wäre es auch nur, um meine Confessions oder Nachrichten von mir selbst und meinen Schriften, oder wie Sie meine Selbstrecension betiteln wollen, verlegen zu können, die nicht eher, als nach meinem Hingang aus dieser Welt gedruckt werden soll."

Der Gedanke, daß dieser Zeitpunkt sich ihm immer mehr nähere, trübte nicht Wielands Heiterkeit. Er fühlte sich in seinem Alter sehr glücklich unter literarischen und ländlichen Beschäftigungen und Genüssen. Immer neues Vergnügen schöpfte er aus der Betrachtung der von ihm selbst geschaffenen Gartenanlagen, auf Spaziergängen durch seine Lindenallee, oder durch ein Birkenwäldchen am Ufer der Ilm, wo er sich ungestört seinen Ideen überließ. In solchen Augenblicken glaubte er zu seiner völligen Zufriedenheit kaum noch etwas zu bedürfen. An seinen Schwiegersohn, den Buchhändler Geßner in Zürich, schrieb Wieland im Januar 1799: „Ich freue mich so lebhaft auf die wiederkehrende schöne Jahreszeit, daß ich sie wirklich im Geist schon genieße, und den dazwischen liegenden Winter um so weniger lang finden werde, da die literarischen Arbeiten, womit ich ihn auszufüllen gedenke, mehr als hinlänglich wären, mich eine doppelt so lange Zeit zu beschäftigen. Ich werde aber fleißig seyn; denn es ist nicht mehr als billig, daß ich das Recht, den Sommer blos mit Genießen zuzubringen, im Winter durch Arbeiten erkaufe."

In einem nicht lange nachher geschriebenen Briefe an Gleim erkannte Wieland es dankbar, daß ihm, neben der Glückseligkeit, ungestört mit den Geistern der Weisen und Dichter der Vorwelt Umgang pflegen zu können, noch das Vergnügen gegönnt sei, seinen guten Genius, in Gestalt eines Weibes, an seiner Seite, und einen Kreis von Kindern und Enkeln um sich zu haben, unter welchen ihm seine Tage so leicht und schnell entschlüpften, wie den Bewohnern des dichterischen Elysiums. „Das Einzige", schrieb er, „was allenfalls (wenigstens zur vollständigen Aehnlichkeit mit dem Elysium, das uns Lucian so genial geschildert hat) noch abgeht, sind die Buttersemmeln und Bratwürstchen, die auf den Bäumen wachsen, die gebratenen Rebhühner, die von selbst auf den Tisch geflogen kommen, und die schönen crystallenen Kelchgläser, die man von den Hecken abbricht, um sie aus Quellen und Bächen mit köstlichem Wein zu füllen, die eben so freiwillig, als unerschöpflich aus allen Felsen hervorsprudeln u.s.w. So bequem und wohlfeil hab' ich's nun freilich nicht. Aber, die reine Wahrheit zu sagen, ich möcht' es nicht einmal so bequem und wohlfeil haben; denn ich halte das Gesetz, daß uns die Götter nichts Gutes ohne Arbeit geben, für ein sehr weises Gesetz, und betrachte eine gewisse Portion Mühe und Sorge quantum satis, als die unentbehrlichste Würze zum wahren Lebensgenuß."

Erhöht ward dieser Genuß für Wieland noch durch Besuche seiner Weimarischen Freunde. Selbst sein Fürst, seine Fürstin, die Herzogin Mutter verschmähten nicht, ihn unter dem Schatten seiner Bäume zu begrüßen. Der lebhafte Ideenaustausch in mannigfachen Gesprächen, die ihn in die Vergangenheit zurückführten, hatte für Wieland viel Anziehendes. Von großem Interesse war ihm auch die damals angeknüpfte Bekanntschaft mit Jean Paul, von dem er sich vielseitig angeregt, doch, nach seinem eignen Geständnisse, auch eben so oft abgestoßen, als angezogen fühlte.

Unstreitig einer der schönsten Momente in Wielands späterem Leben war das Wiedersehn seiner Jugendfreundin Sophie la Roche, die ihn 1799 in Osmannstädt besuchte, begleitet von einer ihrer Enkelinnen, Sophie Brentano, einer Schwester des bekannten Dichters Clemens Brentano. Die Erinnerung an die genußreichen Tage, die Wieland damals verlebte, blieb ihm unvergeßlich. Wieder angefrischt ward sie, als Sophie Brentano im Mai 1800 ihn abermals in seinem ländlichen Asyl begrüßte. Erheiternd wirkte auf ihn die Gegenwart des durch Geist und Herz ausgezeichneten Mädchens, das damals in der vollen Blüthe jugendlicher Schönheit stand. Einen eigentümlichen Reiz erhielt ihr Wesen durch einen Zug stiller Melancholie. Wieland beklagte oft, daß Sophie, so ganz geschaffen, Andrer Leben zu verschönern, sich von den Menschen hinwegwende und die Einsamkeit suche. Früher jedoch, als er selbst oder irgend Jemand ahnen mochte, zerstörten die Eindrücke eines längst zerrütteten Gemüths ihren von Natur zarten Körper. Das friedliche Osmantinum, nach dem sie sich so oft gesehnt hatte, war bestimmt, ihre irdischen Ueberreste zu empfangen.

„Ich und meine Familie", schrieb Wieland den 29. September 1800 an Göschen, „haben in diesem Monat einen harten Stand gehabt. Sophie Brentano, das liebenswürdigste und interessanteste Mädchen von 24 Jahren, das vielleicht der Erdboden trug, ward am 24. September von einer der sonderbarsten und verwickelten Nervenkrankheiten befallen, die sich in wenig Tagen als gefährlich ankündigte, mit jedem Tage trostlosere Symptome zeigte, und unerachtet aller ersinnlichen angewandten Hülfe, mit dem Tode endigte. Was wir in diesen trübseligen sechzehn Tagen erfahren und gelitten, möge Ihnen Ihre eigene Einbildungskraft und Ihr eigenes Herz sagen. — Die Hülle, die der entflohene Engel zurück ließ, ruht nun in einem stillen Plätzchen meines durch sie geheiligten Gartens."

Wielands stille Trauer um das zu früh verblühte holde Mädchen erklang noch oft in den Briefen an seine Freundin Sophie la Roche. Den 24. April 1801 schrieb er: „Die Wiederkehr der schönen Jahreszeit giebt der geistigen Gemeinschaft, die bisher zwischen unsrer Sophie Brentano und mir ziemlich ununterbrochen fortgedauert, ein neues Leben. Alle meine Spaziergänge führen zu ihrem Grabe; meine liebsten Ruheplätze sind nur wenige Schritte davon entfernt, und der Gedanke, daß uns nur noch ein kleiner Zeitraum trennt, wird unvermerkt zu einem still fortdauernden Gefühl, das meinem Aufenthalt im Garten ein ganz eignes melancholisch süßes Interesse giebt. Weil es indessen gut ist, daß ich noch, so lange als möglich, für meine Kinder lebe, so helfen Sie mir, theure Freundin, Gott für die Erhaltung meiner bessern Hälfte bitten, deren zeither abnehmende und noch immer schwankende Gesundheit mich nur zu oft beim Blick auf Sophiens Ruhestätte mit Trübsinn und herzzerdrückenden Ahnungen erfüllt. Noch hoffen wir, was wir sehnlich wünschen, daß die immer näher kommende schöne und milde Jahreszeit das Beste bei ihr thun, und uns eine Gattin und Mutter, die so wenige ihres Gleichen hat, und uns so unentbehrlich ist, auf lange Zeit wieder schenken werde."

Ein ungewöhnlich rauher Sommer, über den er sich bitter beklagte, vereitelte Wielands Hoffnungen. „Der Juni", schrieb er, „war so kalt, windig und unfreundlich, daß wir oft vierzehn Tage lang täglich zweimal die Wohnzimmer heizen lassen mußten. Aber noch viel schlimmer spielte uns der Juli mit. Stürmische Westwinde bei Tag und Nacht, ein immer dichtbewölkter Himmel, kaum zwei bis drei Tage, an denen die Sonne zuweilen durchzubrechen vermochte, und zwei Regentage gegen einen, sind diesen ganzen Monat über unser Loos. Seit mehr als vier Wochen steht der Barometer meist anderthalb, zwei, drei, höchstens vier Linien über sieben und zwanzig Zoll, und so oft er ein wenig über vier Grad stieg, konnten wir auf einen vollständigen Landregen rechnen. Wie eine solche Witterung nicht nur den Menschen, sondern auch den Feld- und Gartenfrüchten aller Art bekommt, können Sie sich vorstellen. Die dadurch bisher aufgehaltene Ernte ist vor der Thür, und noch ist kein Anschein zu einer schon so lange und so sehnlich erwarteten Veränderung. Doch der Mensch ist nun einmal in der Gewalt der großen elementarischen Massen, und Geduld! Geduld! Geduld! ist die unwillkommene Lection, die sie uns einbläuen, und an der wir unser Lebelang zu lernen haben, weil uns nichts schwerer eingeht."

Mehrfache Veranlassung, sich in der Geduld zu üben, so schwer ihm dies auch werden mochte, fand Wieland, als der in einem frühern Briefe erwähnte Gesundheitszustand seiner Gattin im Herbst 1801 sich täglich verschlimmerte. Wielands Empfindungen schilderte ein Brief an Göschen vom 19. October 1801. „Zwar bin ich", schrieb er, „noch nicht in der traurigen Nothwendigkeit, das Aergste erwarten zu müssen; aber ich kann doch nur selten über mich gewinnen, es nicht zu fürchten. So wenig beneidenswerth auch meine übrige Lage ist, würde ich mich doch für den glücklichsten aller Menschen halten, wenn mir der Himmel nur s i e , die nun sechs und dreißig Jahre lang das ganze stille Glück meines Lebens machte, nur noch einige Zeit erhalten wollte. Sie allein ist mein Ersatz für alles Andere; ohne sie — Gott allein weiß, ob und wie ich ohne sie leben könnte."

Am 8. November 1801 sah sich Wieland für immer getrennt von seiner Gefährtin, im Kreise derer, denen sie das Leben gegeben, und für deren Wohl sie kein Opfer gescheut hatte. Den tiefen Eindruck jenes Verlustes zeigte ein Brief Wielands an Göschen vom 31. December. Er äußerte darin unter andern: „Mit mir geht es — wie es kann; leidlich wenigstens. Ich arbeite viel, aber es ist, als ob mir die Schwungfedern gestutzt wären. Sonst arbeitete ich mit Freude, mit Munterkeit; jetzt mühsam, entgeistert, schwerfällig. Möglich, daß auch die trübselige, immer veränderliche und gar nicht wintermäßige Witterung etwas dazu beiträgt. Gewiß aber ist, daß ein Herkules, der mir meine Alceste, nur mit so viel Gesundheit, als sie noch vor drei Jahren besaß, aus dem Elysium zurückbringen könnte, auf einmal einen ganz andern Menschen aus mir machen würde."

In einem spätern Briefe vom 15. Februar 1802 wunderte sich Wieland selbst über seinen leidlichen Gesundheitszustand in einem Alter von beinahe siebzig Jahren. Er schrieb einem Freunde: „Daß die Engelsseele, die nun meinen körperlichen Augen unsichtbar geworden, mir geistiger Weise immer gegenwärtig ist, und daß ich mich nach und nach an diese rein geistige Art Liebe und Freundschaft gewöhne, trägt ohne Zweifel das Meiste dazu bei, daß ich mich so wohl, d.h. nicht viel schlimmer befinde."

Dankbar erkannte Wieland die zarte Aufmerksamkeit und Theilnahme der Herzogin Amalia, die ihn, um seinem Geiste eine andere Richtung zu geben, im Juli 1802 nach Tiefurt eingeladen, und nach Wielands eignem Geständnisse, ihr Möglichstes gethan hatte, ihn zu erheitern und vergessen zu machen, daß er, „ohne seine Alceste, die ihm kein Herkules wieder bringe," wohl zuweilen glücklich scheinen, doch nicht glücklich seyn könne. „Der besten Fürstin zu Gefallen", schrieb Wieland, „arbeite ich, wiewohl unter mancherlei Unterbrechungen, etwas langsam in den Vormittagsstunden an einer Uebersetzung der Helena des Euripides. Bevor ich mit dieser Arbeit zu Stande bin, ist an den Aristipp nicht zu denken; denn mit diesem kann und will ich nicht anders, als mit ganzer Seele, mit ganzem Gemüth und mit allen mir noch übrigen Kräften mich beschäftigen."

Ermuntert fühlte sich Wieland zu dem eben erwähnten Werke, das später unter dem Titel: „Aristipp und seine Zeitgenossen" erschien, durch die Theilnahme, die ihm nicht blos in seinen nächsten Umgebungen, sondern auch durch briefliche Mittheilungen entgegen kam. „Was Sie mir", schrieb er an Göschen, „über die Entwicklung und Ausführung der beiden Hauptcharaktere des Aristipp und der Lais schreiben, hat mir großes Vergnügen gemacht. Solche Leser, für welche nicht nur im Detail nichts verloren geht, sondern die auch Sinn für die Composition, Haltung und Ausführung des Ganzen haben, d.h. gerade für das, worauf Alles ankommt — solcher Leser wünsch' ich mir recht viele. Aber unglücklicher Weise giebt es deren unter hundert kaum Einen, weil in der That beinahe eben so viel Genie, Kopf, Bildung und Kunstsinn dazu erfordert wird, ein solcher Leser zu seyn, als ein Autor, der im Stande ist, solche Leser zu befriedigen."

Unter einzelnen Unterbrechungen hatte Wieland so fleißig an seinem „Aristipp" gearbeitet, daß er im Sommer 1801 das vollständige Manuscript seinem Verleger Göschen senden zu können glaubte. Das Werk erlitt jedoch eine Unterbrechung durch die Idee, seinem „Aristipp" eine ausführliche Beurtheilung der vorzüglichsten Werke Plato's in den Mund zu legen. Schon vier Monate, schrieb Wieland an Göschen, beschäftige ihn einzig die Lösung dieser Aufgabe. „Sie können sich nicht vorstellen," heißt es in jenem Briefe, „was für ein Stück Arbeit dies ist. Wenn ich aber so glücklich seyn sollte, mich mit Ehren aus der Sache zu ziehen, so wird es das wichtigste und beste Morceau meines ganzen Werks seyn." Ueber den Umfang desselben war Wieland eine Zeitlang nicht mit sich einig. „Es findet sich", schrieb er, „daß ich mit dem vierten

Bande allerdings schließen kann, aber daß die Ausführung meines Plans, den Aristipp bis nahe an seinen Tod fortzuführen, wenigstens noch einen starken Band erfordern würde. Im vierten kann ich ihn nicht weiter bringen, als bis zum Tode seiner Kleone und zu seinem Entschluß, Cyrene wieder zu verlassen, und sich zu seinem Freunde Philistus zu Syrakus zu wenden. Ich bin aber gleichwohl entschlossen, es vor der Hand bei den vier Bänden zu lassen, und nicht eher an den fünften zu gehen, als bis unsre — merken, daß dem Werke noch was fehlt, und bis sie Ursache finden, mich nicht als Freund, sondern als Verleger, zum fünften Bande aufzufordern. Dabei muß und wird es einstweilen bleiben; denn wenn ich noch vor Fertigung dieses fünften Bandes aus der Welt ginge, so blieben die vier Bände ein doch für sich bestehendes Werk, und Niemand hätte sich zu beklagen, daß es unvollständig wäre."

Eine Art von Fragment blieb gleichwohl der „Aristipp", so lange Wieland nicht den vierten Band dieses Werks geliefert hatte. Darüber war jedoch eine geraume Zeit vergangen. Der Grund zu dieser Zögerung war der Gesundheitszustand seiner geliebten Dorothea. Wieland schwebte fortwährend zwischen Furcht und Hoffnung. Bei seinem Freunde und Verleger Göschen entschuldigte er sich, daß es ihm in den letzten sechs Wochen physisch und moralisch unmöglich gewesen sei, irgend einer Geistesarbeit sich mit dem freien und muntern Sinne zu widmen, der eine der unerläßlichsten Bedingungen sei. „Seyn Sie indeß versichert", schrieb Wieland, „daß ich nicht ruhen werde, bis das Werk vollendet, und so vollendet ist, daß ich selbst einiges Wohlgefallen daran haben kann."

Diesem Vorsatz blieb er treu, ohne sich durch den damals entworfnen Plan irre machen zu lassen, nach dem Muster des Théatre des Grecs, gemeinschaftlich mit Böttiger und Jacobs ein „Theater der Griechen" herauszugeben, welches Uebersetzungen, mit Anmerkungen und Abhandlungen begleitet, enthalten sollte. Von der Ausarbeitung des fünften Bandes seines „Aristipp" ward Wieland indeß bald wieder abgelenkt durch mehrfache neue Entwürfe zu literarischen Arbeiten, die jedoch zum Theil unausgeführt blieben, wie unter andern das Werk „Osmanstädtische Unterhaltungen" betitelt, worin er einige sehr gelungene Erzählungen seines Sohnes Ludwig aufnehmen, und ihn dadurch als Schriftsteller in's Publikum einführen wollte.

Wielands literarische Thätigkeit war damals sehr groß. Ehe er seinen „Aristipp" vollendet hatte, lieferte er einige Seitenstücke zu diesem Werke. Dahin gehörten die beiden griechischen Gemälde „Menander und Glycerion", und „Krates und Hipparchia", die er als Taschenbuch für die Jahre 1804 und 1805 herausgab, und außerdem sechs Erzählungen, zuerst in Almanachen gedruckt und hierauf unter dem Titel: „das Hexameron von Rosenhain" in einem Bändchen vereinigt. Wieland war dadurch mit mehreren Buchhändlern in Verbindung getreten, mit Cotta in Tübingen, Wilmans in Bremen, und Vieweg in Braunschweig, wodurch sich sein vieljähriger Verleger Göschen verletzt fühlte. Wieland suchte ihn zu beruhigen. „Ich kann", schrieb er, „den Gedanken nicht ertragen, daß die Irrungen, die ein doppeltes Paar alter Griechen und Griechinnen unschuldiger Weise zwischen uns veranlaßt haben, das Grab unserer vieljährigen Freundschaft seyn sollten. Ich glaube, Sie können sich meinen kleinen Verkehr mit den Taschenbüchern um so mehr gefallen lassen, da Sie auch nichts dagegen hätten, wenn ich dergleichen Aufsätze im Merkur abdrucken ließe, der noch unter meinem Namen und Böttigers Redaktion fortläuft. Wäre es nicht Thorheit gewesen, wenn ich, in meinen Umständen, solche Gelegenheiten nicht hätte benutzen wollen?"

Schon in einem frühern Briefe an Göschen hatte Wieland offen gestanden, daß „die eiserne Noth, die ehemals den Horaz zum Dichter gemacht, ihn drücke und dränge, und daß er alles, was seine alte Muse noch gebähre, bald möglichst in baares Geld umsetzen müßte." Dadurch hoffte er wenigstens einigermaßen sich die sorgenvolle Lage zu erleichtern, in die er durch den Kauf seines Guts, durch mannigfache kostspielige Bauten und Verbesserungen, und durch den geringen jährlichen Ertrag seines Besitzthums gerathen war. Daß er „bei seiner Landwirtschaft keine Seide spinne," gestand er offen seinem vieljährigen Freunde Göschen.

„Ich habe," schrieb Wieland den 21. April 1802, „eine Last auf mich geladen, unter der ich erliegen würde, wenn ich nicht ernstlich darauf bedacht wäre, sie je eher je lieber von meinen alten Schultern abzuwälzen, in sofern es ohne Nachtheil und vielmehr zum wirklichen Vortheil meiner armen Kinder geschehen kann. So lange der holde Engel, der mich vor sechs Monaten verlassen mußte, noch sichtbar um mich war, fühlt' ich diese Last zwar auch, aber sie drückte mich weniger. Ich hatte mehr Muth und Hoffnung, mehr Lust und Freudigkeit zum Arbeiten, und alles, was mein Geist unternahm, ging leicht und munter von statten. Seitdem ist alles leider ganz anders. — Ich fühle, wenn ich noch einige Jahre den Meinigen, der Welt und meinen Freunden leben soll, so ist es schlechterdings nothwendig, daß ich mich gänzlich schuldenfrei mache — und dazu ist möglicher Weise nur Ein Mittel. Das ganze Gut zu verkaufen, wenn sich auch ein Käufer dazu fände, der mir dafür geben wollte, was mich's kostet, dazu kann ich mich aus mehreren und verschiedenen Ursachen nicht entschließen. Meine Idee ist, das Gut zu zerschlagen, den Pavillon, den ich bewohne, nebst dem Garten und einer einzigen Hufe Ackerland für mich zu behalten, aus allem Uebrigen aber ein für sich bestehendes kleines Erblehngut zu machen, und es gegen baare Bezahlung an den, der Lust dazu haben wird, zu verkaufen. Da das Gütchen so klein ist, so ist es natürlicher Weise keine Sache für reiche Leute. Indessen könnte und sollte sich doch wohl in ganz Germanien unter 24 Millionen Menschen irgend Jemand finden, dem gerade ein solches kleines Landgut anstünde, und in dessen Augen es dadurch noch einen besondern Werth erhielte, daß er mein lieber Nachbar würde, und (alles vorausgesetzt, was hierbei vorauszusetzen ist), mit mir und meiner Familie in einem beiden Theilen angenehmen freundschaftlichen Verhältniß leben könnte. Wenn meine Imagination bei guter Laune ist, so poetisirt sie mir verschiedene Arten möglicher Subjecte vor, die hiezu geeigenschaftet seyn könnten. Ich gestehe übrigens gern, daß diese meine Idee einem utopischen Traum ziemlich ähnlich sieht. Indessen sind doch schon viel unwahrscheinlichere Dinge realisirt worden."

Im August 1802 meldete Wieland seinen Entschluß, das ganze Gut zu verkaufen, doch mit Vorbehalt des von ihm bewohnten Hauses und dazu gehörigen Gartens, von welchem er jedoch den usum fructuum und jede selbstbeliebige Benutzung dem Käufer des Guts überlassen wolle. „Der Garten," schrieb er, „soll, so lange es nur immer möglich seyn wird, meiner Familie bleiben, und dies um so mehr, da er das heilige Grab meiner Geliebten, und dereinst auch das meinige neben ihr, in sich schließt. Finde ich einen annehmlichen Käufer zum Gute, so lebe ich künftig wieder in der Stadt, und bringe nur die schöne Jahreszeit in meiner Osmanstädtischen Villa zu."

Eine unverhoffte Fügung des Schicksals, oder, wie Wieland sich ausdrückte, „seines, noch immer zu seinem Besten geschäftigen guten Genius," hatte ihm im Februar 1803 in dem Hofrath Kühn aus Hamburg einen Käufer seines Guts zugeführt, der sich zu der Kaufsumme von 30,000 Thlrn. anheischig machte. „So ungern," schrieb Wieland, „ich mich auch von dem Boden trenne, worin die heiligen Gebeine meiner geliebten Dorothea ruhen, so kann ich diesen Verkauf doch nicht anders, als für das Glücklichste halten, was mir in meinem Leben noch begegnen konnte. Ich bin dadurch von einer Last befreit, die mich öfters zu Boden drückte; ich werde auf einmal schuldenfrei, und es bleibt immer noch so viel übrig, daß ich für meine noch unversorgten Kinder ungleich mehr thun kann, als mir möglich gewesen wäre, wenn ich das Gut noch länger hätte behaupten müssen."

Wielands damalige Briefe enthielten mehrfache rührende Geständnisse über seine drückende Lage und über die Mittel, die er ergriffen, sie durch eine erweiterte literarische Thätigkeit zu verbessern, die beinahe seine Kräfte überstieg. In Bezug auf seine Beiträge zu mehreren Taschenbüchern schrieb er: „Ich schäme mich, daß ich durch die Etourderie, mit der ich mein ganzes Leben hindurch zu kämpfen gehabt, mich selbst in meinem siebzigsten Jahre noch zu Projecten solcher Art hinreißen lassen konnte. Aber die Summe, deren ich bedurfte, um blos meine unvermeidlichen Ausgaben zu bestreiten, stand, zumal in den letzten Jahren, mit dem Ertrag des Gutes und meiner übrigen fixen Einnahmen in einem so unproportionirten Verhältniß, daß ich, um das sehr beträchtliche Deficit zu decken, alle meine Kräfte aufbieten mußte, das vacuum, das Ceres und Pales in meinem Beutel ließen, durch den Ertrag der Früchte meines Geistes zu ersetzen. Ich fühlte von Zeit zu Zeit, daß ich über Vermögen arbeitete, oder wenigstens daß ich, wenn es noch länger so fortgehen müßte, Gefahr liefe, in den traurigen Zustand von Erschlaffung und Kraftlosigkeit zu gerathen. Aber Noth hat kein Gesetz. Die Hoffnung, mein Gut ohne beträchtlichen Schaden verkaufen zu können, war sehr gering, die Last, die auf mir lag, immer drückender, und die Gefahr, mit jedem Jahr ärmer zu werden, immer größer. Welche Lage für einen Siebzigjährigen, von einer zahlreichen Familie umgebenen Mann von meiner Sinnesart und Constitution!"

Mit Böttiger, der ihn kurz zuvor besuchte, ehe sich im Februar 1803 sein früher so heiß ersehntes Idyllenleben in Osmanstädt schloß, durchwanderte Wieland noch einmal den geräumigen Garten. Nicht ohne Rührung betrachtete er alle seine Lieblingsplätze. Eine tiefe Wehmuth ergriff ihn, als er vor den Gräbern seiner Dorothea und der Sophie Brentano stand, und sich sagen mußte, daß er auch diese in fremden Händen zurücklassen müßte. Nach einigem Schweigen sagte Wieland: „Ich traue es dem wackern Käufer meines Guts zu, daß die Stätte, wo auch ich einst neben meiner Gattin begraben zu seyn wünsche, ihm stets heilig und unantastbar seyn werde." Darin täuschte sich Wieland nicht. Der neue Besitzer seines Gutes ehrte die heilige Stätte, wo die geliebten Todten ruhten.

In einem Schreiben aus Osmanstädt an die Herzogin Amalia hatte Wieland sich sehr gefreut, eine Wohnung in der Nähe des Palastes seiner von ihm innig verehrten Fürstin beziehen zu können. Aus den Fenstern seiner von dem Schauspielhause nur durch einen Garten getrennten Wohnung sah er auf freundliche Anlagen hinaus, in denen, wie er sich äußerte, die geliebte Fürstin als „die wohlthätigste aller Feen walte." Nur der Vergünstigung eines Schlüssels, meinte er, werde es bedürfen, um mit aller Bequemlichkeit in's Himmelreich einzugehen. „Denn das wird für mich," schrieb er, „jeder Ort seyn, wo sich die über alles verehrte und geliebte Fürstin aufhält, deren Huld und herablassende Güte so wohlthätige Sonnenblicke auf den späten Abend meines Lebens geworfen."

Seine kühnsten Erwartungen übertraf die wohlwollende Aufnahme, die Wieland, als er wieder nach Weimar zurückgekehrt war, bei der hochherzigen Fürstin fand. Sie zog ihn in ihre nächsten Umgebungen und erweiterte den Kreis seiner ältern Freunde durch neue Bekanntschaften, unter denen ihm Fernow, nach Jagemann's Tode zum Bibliothekar der

Herzogin ernannt, eine der interessantesten war. Während des Sommeraufenthalts der Fürstin in Tiefurt befand sich Wieland oft dort. Wie sie ihn überall auszeichnete, bewies auch sein Ehrenplatz in der herzoglichen Loge. Seine Liebe zur Bühne, auf der damals manches vielversprechende Talent sich entfaltete, fand wieder neue Nahrung, und er bedurfte nicht mehr der Opfer, mit denen er während seines Aufenthalts in Osmanstädt den theatralischen Genuß hatte erkaufen müssen. Erfreulich und belehrend waren für ihn auch die damaligen Kunstausstellungen unter Goethe's und Meier's Leitung. Wieland glaubte so wenigstens einigen Ersatz dafür zu finden, daß die von Goethe herausgegebene Zeitschrift: „die Propyläen", für die er sich lebhaft interessirt, aufgehört hatte.

So vereinigten sich mehrere Umstände, ihn in einer ruhigen Gemüthsstimmung zu erhalten, die jedoch durch den Tod Herders am 18. December 1803 heftig erschüttert ward. Seiner Freundin Sophie la Roche schrieb er damals: „Es ist ein großer unersetzlicher Verlust für seine Familie, für die Welt und für seine Freunde. Er war mein bester und gewissermaßen mein einziger Freund in Weimar. Ich habe sehr viel an ihm verloren, und hatte große Ursache, auch um meiner selbst willen zu wünschen, daß er, der so beträchtlich jüngere Mann, mich Alten überleben möchte. Geduld und Ergebung ist alles, was uns in solchen Fällen übrig ist; und mir wird diese Ergebung freilich insofern leichter, als mein Gefühl für Schmerz und für Freude durch den 8. November 1801 abgestumpft worden ist. Indessen ist es Pflicht, sich für die Lebenden so lange als möglich zu erhalten, und sich an der geistigen Gemeinschaft genügen zu lassen, daß wir mit unsern Geliebten, nachdem sie unsern Augen und Armen entschwunden sind, uns noch immer fort unterhalten können. Das egoistische Gefühl unseres Verlustes ist menschlich; aber immer verliert es sich wieder in dem süßen Gedanken, daß sie ausgelitten haben, daß ihnen nun wohl ist, und unendlich besser, als uns."

In ein dumpfes Hinbrüten artete Wielands Ergebung in das unvermeidliche Schicksal selten aus, und seine Thätigkeit ward dadurch nicht gelähmt. Von besonderem Interesse war in seiner damaligen Stimmung für ihn die Schrift: „Meiner Gattin wirkliche Erscheinung nach ihrem Tode." Ihr Verfasser, Dr. Wötzel, hatte sie dem Herzog von Weimar zugeeignet, und sie ward in einem Hofcirkel, in welchem sich auch Wieland befand, vorgelesen und vielfach besprochen. Den 20. October 1804 schrieb Wieland an seinen Freund und Verleger Göschen: „Ich arbeite seit einigen Monaten an einem kleinen Werke, wovon ich aus wesentlichen Ursachen wünsche, und es daher zu einer Bedingung machen muß, daß es besonders, und als ein Werk für sich, im Buchhandel erscheine. Der Titel ist: Euthanasia, oder Gespräche über das Leben nach dem Tode, veranlaßt durch die Schrift: Meiner Gattin wirkliche Erscheinung nach ihrem Tode. Diese Euthanasia wird aus drei oder vier Dialogen bestehen, wovon der erste und größte vollkommen fertig ist. Das Ganze wird mich noch bis Ende dieses Jahres beschäftigen."

Ein sehr scharfes Urtheil fällte Wieland in einem spätern Briefe über die vorhin erwähnte Schrift und ihren Verfasser. „Ich glaube," schrieb er, „daß der Herr Doctor oder Magister Wötzel durch meine Analyse seines über allen Ausdruck elenden und abgeschmackten Buchs in Reputation kommen wird. Aber damit er Ursache habe, sich dafür bei mir zu bedanken, möcht' ich ihm rathen, sich in bevorstehender Messe um Geld sehen zu lassen. Wirklich wäre ein Hermaphrodit mit drei Köpfen, sechs Armen und vier Beinen kein sehenswürdigerer Irrthum der Natur, als dieser in seiner Art gewiß einzige Mensch, in welchem Dummheit, Eigendünkel, Pfiffigkeit, Albernheit und Plattheit auf eine Art, die allen Psychologen zu schaffen machen sollte, vereinigt sind. Wer sollte nicht vier Groschen daran spenden, ein solches Mißgeschöpf mit Augen zu sehen!"

Durch den Tod seiner geliebten Gattin hatte Wieland hinlänglich Veranlagung erhalten, über den Zusammenhang der Geisterwelt mit dem irdischen Leben reiflich nachzudenken. Er glaubte sich aber gegen alle Geistererscheinungen erklären zu müssen, wenn er sich die Erfahrungen seines eignen Lebens zurückrief. „Wäre eine Möglichkeit", schrieb er, „daß die Geister der Verstorbenen erscheinen könnten, warum habe ich von meiner Gattin, dieser treuen Seele, nie eine Erscheinung gehabt? Warum, wenn Geister auf unsre Seelenorgane wirken können, erscheint sie mir nicht alle Wochen wenigstens einmal im Traum, und unterhält sich mit mir, da sie doch weiß, wie unaussprechlich glücklich sie mich durch eine solche Herablassung zur menschlichen Schwachheit machen könnte? Sie k a n n also nicht, oder sie d a r f nicht, und warum sollte es denn nicht mit allen Andern eben diese Bewandtniß haben?"

Bei der Richtung, die sein Geist damals genommen, hatte Wieland die Vollendung des „Aristipp" fast gänzlich aus den Augen verloren, besonders als ein literarischer Plan, den er schon vor zwanzig Jahren (1790) entworfen, der Ausführung entgegenreifte. Es war eine Uebersetzung der sämmtlichen Briefe Cicero's. Die mit einer solchen Arbeit verbundenen Schwierigkeiten getraute er sich zu überwinden. Willkommen war ihm diese Arbeit auch deshalb, weil sie ihn über die Eindrücke der politischen Ereignisse hinwegtrug. Freude und Leid griffen damals rasch wechselnd in sein Leben ein. Im November 1804 war er Zeuge gewesen bei der Vermählungsfeier des damaligen Erbprinzen (jetzt verstorbenen Großherzogs) von Weimar mit der russischen Großfürstin Maria Paulowna. Den Dichter, der jenes frohe Ereigniß durch das Drama: „die Huldigung der Künste" gefeiert, mußte Wieland bald nachher scheiden sehn. Schiller starb am 9. März 1805, und Goethe war damals gefährlich krank. „Ich kann mir vorstellen", schrieb Wieland den 6. Juni 1805 an Göschen, „welche Sensation die Nachricht von Schillers Tode in Leipzig gemacht hat. Nach Herder, und so lange uns Goethe noch erhalten wird, konnte Deutschlands Literatur keinen empfindlichern Verlust erleiden." Seinen eigenen Gesundheitszustand schilderte Wieland in diesem Briefe mit den Worten: „Einen so strengen und fast ununterbrochen fortdauernden Winter habe ich in 72 Jahren nicht erlebt, und ich wundere mich alle Tage, wie es zugeht, daß eine so zarte Maschine, wie diejenige, an die mein Daseyn geknüpft ist, eine solche unbarmherzige Witterung mit so wenig Beschwerden, als ich in der That diese Zeit her gefühlt habe, auszudauern vermögend gewesen ist."

Dieser physischen Kraft bedurfte Wieland, um die Schrecknisse zu ertragen, welche die Schlacht bei Jena am 14. October 1806 über Weimars Bewohner verhängte. Bei der allgemeinen Plünderung jener Residenz hatte er jedoch am wenigsten Ursache gehabt, für seine Person und seine Familie sich zu beklagen. Er erhielt eine Sauvegarde, und im Namen Mürats ward ihm der unmittelbare kaiserliche Schutz zugesichert. Tief erschüttert von dem allgemeinen Unglück und innig beklagend, daß er den Tag erlebt, wo seine fürstliche Gönnerin ihren Sommeraufenthalt, das freundliche Tiefurt, hatte verlassen, und der Erbprinz für seine Gemahlin ein Asyl im Auslande hatte suchen müssen, begann Wieland wenige Wochen nach jenen Schreckenstagen, den 1. November 1806 seine früher erwähnte Uebersetzung der Briefe Ciceros, die seinen Blick von dem vielfach bewegten Leben der Gegenwart so entschieden ablenkte, daß er, nach seinem eigenen Geständniß, von allem, was um ihn her vorging, wenig gewahr ward.

In Bezug auf die mit dieser Uebersetzung verbundenen Schwierigkeiten nannte er sie, zumal für einen Greis von 72 Jahren, ein großes Wagstück. „Kaum kann ich", schrieb er, „etwas anderes zu meiner Entschuldigung anführen, als die Z e i t , in welcher, und die A r t , mit welcher dieser verwegene Gedanke wie ein Gewappneter über mich gekommen ist. Ich fühlte damals ein zwiefaches dringendes Bedürfniß in mir, ohne dessen unmittelbare Stillung ich nicht länger ausdauern zu können glaubte. Das eine war: mich je eher je lieber aus einer fürchterlich einengenden Gegenwart in eine andre Welt, in eine Zeit und unter Menschen, die längst nicht mehr waren, wo möglich unter lauter colossale Menschen vom Titanen- und Gigantenstamm zu versetzen; — das Andere: irgend eine große, schwere und mühselige, aber bei alle dem angenehme und zu meinen Studien passende Geistesarbeit zu unternehmen, welche mich hoffen ließ, daß sie mir durch Lust und Liebe zur Sache, und durch die mit der Ausführung selbst nothwendig verbundene unvermerkte Steigerung meiner Kräfte vielleicht so weit gelingen dürfte, daß ich die Welt mit dem Troste verlassen könnte, die letzten Jahre oder Tage meines Lebens nicht nutzlos zugebracht zu haben. Wie hätte mir, zu Befriedigung dieses doppelten Bedürfnisses, und zur Erreichung dieser Absicht, mein guter Genius einen glücklichern Vorsatz einhauchen können, als die Uebersetzung der Briefe Cicero's?"

Mitten unter dieser Beschäftigung erschütterte ihn, nachdem die Kriegsstürme geschwiegen, die Nachricht von dem Tode der Herzogin Amalia. Am 10. April 1807 war ihr standhafter Geist von den Schicksalen, die sie ertragen, überwältigt worden. Wielands ganze philosophische Standhaftigkeit war nöthig, um sich über den für ihn zu schmerzlichen Verlust zu trösten. Frohe Momente brachten ihm die Friedensnachrichten und die Heimkehr des Herzogs Carl August in seine Staaten. Dennoch aber bedurfte Wieland des rastlosen Fleißes, den er seiner Uebersetzung der Briefe Cicero's widmete, um nicht der Gewalt schmerzlicher Eindrücke zu erliegen. Der Herzog von Weimar hatte ihm das freundliche Belvedere zu seinem Sommeraufenthalt angewiesen. Auf einer mäßigen Anhöhe, dem Schloßberge gegenüber, fand Wieland unter dunkeln Fichten ein Lieblingsplätzchen, wo er bald umherwandelte, bald mit der Lectüre irgend eines römischen oder griechischen Classikers sich beschäftigte. Mit ruhigem Gleichmuth und auf das Unvermeidliche gefaßt, schrieb er den 3. November 1809 an seine Freundin Sophie la Roche: „Was uns noch bevorsteht, weiß allein der Himmel. Unser künftiges Schicksal ist ungewiß. Wie es aber auch entschieden werden mag, ich werde es zu ertragen wissen, und mich selbst in keinem Falle verlassen."

Wielands philosophischer Gleichmuth sollte jedoch bald erschüttert werden. Er erhielt die Nachricht von dem Tode seiner eben erwähnten Jugendfreundin, deren letztes Werk, „Melusinens Sommerabende", er noch revidirt und mit einer Vorrede begleitet hatte. „Es scheint", schrieb er, „mein Schicksal, daß ich alles überleben soll, was ich am meisten und innigsten liebte. Bald habe ich, außer meinen größtentheils weit von mir entfernten Kindern, nichts mehr zu verlieren. Aber der Verlust, den ich am 9. November 1801 erlitt, hat mich auch gegen jeden andern völlig abgestumpft. Die Welt kann zufrieden seyn, eine so außerordentliche Frau, die von ihrer Kindheit an für diese Welt viel zu gut war, 76 Jahre lang besessen und 36 Jahre die Früchte ihres, mit ihrem Herzen gänzlich in Eins verwebten und gleichsam zusammengewachsenen Geistes dankbar und undankbar genossen zu haben. Für uns lebt sie jetzt nur noch, insofern wir ihrer gedenken und das wollen wir."

In einem Briefe vom 8. September 1808 warf Wieland einen Rückblick auf seine Laufbahn. „Ich habe", schrieb er, „zwar in vollen 75 Jahren Gottlob! kein glänzendes, noch sonderliches Glück gemacht; sondern auch das herzdrückende Schicksal erfahren, alle Freunde und Freundinnen meiner Jugend und meiner besten Jahre zu überleben. Aber demungeachtet verdanke ich der Mutter Natur eine so glückliche Organisation und Sinnesart, und meinem guten Genius so manche glücklichen Ereignisse, und ein so freundlich schönes Gewebe der 27,593 Tage (die Schalttage mit eingerechnet), daß ich mich nicht zu täuschen glaube, wenn ich gegen Einen trüben oder stürmischen Tag, womit die Parzen mich nicht verschonen konnten oder wollten, vierzehn heitere und vergnügte Tage eines so frohen Lebensgenusses zähle, als ein Sterblicher, ohne thörichte Forderungen an den Himmel zu machen, von diesem unvollkommenen Erdenleben nur immer verlangen kann. Denn für mich sind die Gefühle, worin sich ein Tropfen Bitterkeit mit dem Süßen vermischt, immer die angenehmsten."

Am Abend seines Lebens brachte Wielands Schicksal, ungeachtet er, nach seinem eignen Geständnisse, „sich von den Erdengöttern so viel als möglich entfernt gehalten," ihn noch in Berührung mit Frankreichs Kaiser, als Napoleon mit den damals (1808) auf dem Congreß zu Erfurt versammelten Fürsten einige Tage sich am Hofe zu Weimar aufhielt. Er wünschte den Dichter zu sehen, der ihm durch die früher erwähnte Prophezeiung, „daß Frankreichs Heil nur allein auf Buonaparte beruhe", merkwürdig geworden war. Wieland befand sich gerade den Tag nicht am Hofe. Unter dem Vorwande des Unwohlseyns hatte er eine Einladung zum Ball abgelehnt. Eine Vorstellung von Voltaires Julius Cäsar lockte ihn jedoch Abends in's Theater, wo er seinen Platz in einer Seitenloge nahm, die sonst der Herzog einzunehmen pflegte. Als Napoleon erfuhr, daß es Wieland gewesen sei, den er dort in seinem einfachen Kleide und einem Sammtkäppchen auf dem Haupt gesehen hatte, erkundigte er sich auf dem Ball wiederholt nach ihm.

„Nun war kein andrer Rath", gestand Wieland in einem Briefe vom 13. October 1808, „als mich in den Hofwagen, der mir geschickt wurde, zu setzen und — in meinem gewöhnlichen accoutrement, eine Calotte auf dem Kopfe, ungepudert, ohne Degen und in Tuchstiefeln (übrigens anständig costumirt) im Tanzsaal zu erscheinen. Es war gegen halb eilf Uhr. Kaum war ich etliche Minuten dagewesen, so kam Napoleon von einer andern Seite des Saals auf mich zu. Die Herzogin präsentirte mich ihm selbst, und er sagte mir ganz leutselig — das Gewöhnliche, indem er mich zugleich scharf in's Auge faßte. Schwerlich hat wohl jemals ein Sterblicher die Gabe, einen Menschen gleich auf den ersten Blick zu durchschauen, in einem höhern Grade besessen, als Napoleon. Er sah, daß ich, meiner leidigen Celebrität zum Trotz, ein schlichter, anspruchsloser, alter Mann war, und da er, wie es schien, für immer einen guten Eindruck auf mich machen wollte, so verwandelte er sich augenblicklich in die Form, in welcher er sicher seyn konnte, seine Absicht zu erreichen. In meinem Leben hab' ich keinen einfachern, ruhigern, sanftern und anspruchslosern Menschensohn gesehen. Keine Spur, daß der Mann, der mit mir sprach, ein großer Monarch zu seyn sich bewußt war. Er unterhielt sich mit mir, wie ein alter Bekannter mit s e i n e s Gleichen, und was noch keinem Andern m e i n e s Gleichen widerfahren war, an anderthalb Stunden lang in Einem fort, und ganz allein, zu großem Erstaunen aller Anwesenden. Da ich ein sehr ungeübter, schwerzüngiger französischer Orateur bin, so war es glücklich für mich, daß er gerade in der Laune war, viel zu sprechen, und die frais de la conversation fast allein auf sich nahm. Es war nahe an zwölf Uhr, als ich endlich zu fühlen anfing, daß ich das Stehen nicht länger ertragen könne. Ich nahm mir also eine Freiheit heraus, die sich schwerlich irgend ein andrer Deutscher oder Franzose unterstanden hätte. Ich bat Se. Majestät, mich zu entlassen, weil ich mich nicht stark genug fühle, daß Stehen länger auszuhalten. Er nahm es sehr gut auf. Allez donc, sagte er mit freundlichem Ton und Miene, allez! bon soir!"

In eben diesem Briefe meinte Wieland, so ungemein freundlich Napoleon auch gegen ihn gewesen, habe er doch an ihm vermißt, was man Gemüth nenne, und es sei ihm mitunter vorgekommen, als wäre der Mann aus Bronze gegossen. „Indessen", schrieb Wieland, „hatte ich es doch dahin gebracht, daß ich ihm ganz offen endlich die Frage vorlegte, wie es denn komme, daß der Cultus, den er in Frankreich reformirt habe, nicht philosophischer und dem Geist unsrer Zeit nicht angemessener ausgefallen sei. Lächelnd erwiederte hierauf Napoleon: Ja, mein lieber Wieland, für Philosophen ist er auch nicht gemacht, denn die Philosophen glauben weder an mich, noch an meinen Cultus, und den Leuten, die daran glauben, kann man nicht Wunder genug thun und lassen. Wenn ich einmal eine Religion für Philosophen stiften könnte, die sollte freilich anders beschaffen seyn. An diesen Faden spann sich nun das Gespräch über Religion fort, wobei Napoleon den Skeptiker so sehr machte, daß er die historische Existenz Christi bezweifelte. Das war aber nur ein sehr allgemeiner Skepticismus, den er da auskramte, und ich fand an seiner Freigeisterei nichts zu bewundern, als die Offenheit, mit welcher er sich mir preisgab."

Einen Beweis der Huld Napoleons erhielt Wieland durch den ihm übersandten Orden der Ehrenlegion. Dem Kaiser Alexander verdankte er gleichzeitig (1808) den St. Annenorden, wobei sich ihm unwillkührlich die Bemerkung aufdrang, daß das Ausland seine Verdienste gerechter anerkenne, als die Nation, zu der er gehöre. Sein Patriotismus erkaltete jedoch nicht durch solche Erfahrungen. Ohne in Napoleon den außerordentlichen Mann zu verkennen, den er für ein Werk in den Händen der Vorsehung hielt, äußerte sich Wieland mit tiefem Unmuth über die mannigfachen Bedrückungen, die das Unterjochungssystem des französischen Machthabers über Deutschland verhängte.

Was ihn oft in eine trübe Stimmung versetzte, war der Gedanke, sich so vieler Freunde beraubt zu sehen, die er geschätzt und geliebt hatte. Herder, Schiller, Gleim waren ihm vorangegangen, in der letzten Periode seines Lebens auch noch Fernow und Seume. An dem Letztern schätzte Wieland neben seinen Kenntnissen und Talenten besonders die Biederkeit seines Charakters, den offnen, geraden Sinn. „Es ist eine Freude", schrieb er, „derbe Wahrheiten so freimüthig und kräftig, und doch so manierlich gesagt zu hören. Seume kann sicher seyn, daß Niemand glauben und sagen wird, daß englische Guineen oder Napoleons aus ihm sprechen. Ich habe von jeher große Stücke auf die ächten Cyniker gehalten, deren Ideal Lucian in seinem Kyniskos so trefflich aufhellte. Der ächte

Cyniker ist der ächteste Mensch und der wahre Weise, und minor Jove, wie Horaz sagt. Das alte Griechenland hatte ihrer kaum ein halb Dutzend binnen 500 Jahren aufzuweisen; und in unsern Tagen ist Seume der Einzige, den ich wenigstens kenne."

Zu dem Schmerz über Seumes Verlust gesellten sich für Wieland häusliche und persönliche Leiden. Seine Tochter Julie entriß ihm der Tod. Ein hartnäckiges Augenübel untersagte ihm mehrere Wochen Lesen und Schreiben. Nur langsam genas er im Herbst 1809 von einer lebensgefährlichen Krankheit. „Das Sonderbare dabei war", schrieb Wieland, „daß, nach der Versicherung meines Arztes, das Herz und die ganze Blutmasse an dem schrecklichen Sturm auf alle übrigen Theile meines ohnedieß schwachen Körpers keinen Antheil nahmen, und ihre eigene Oekonomie ruhig fortzutreiben schienen. Der Puls ging ruhig und gleich, nur etwas schneller, als gewöhnlich. Dafür aber waren die Muskelkräfte, Nerven, Flechsen und Sehnen so jämmerlich zugerichtet, alle Drüsen so rein ausgewunden und ausgetrocknet, alle Fibern so abgespannt, daß ein vierteljähriges Kind mehr Stärke in Armen und Beinen hat, als ich in den ersten vierzehn Tagen. Meine rechte Hand war lange fast unbrauchbar; über vierzehn Tage konnte ich nicht einen Augenblick stehen. Kurz, ich mußte, wie ein Kind, von vorn anfangen, und die Verrichtungen des animalischen Lebens wieder lernen, als ob sie mir etwas Neues wären. Wie gern möcht' ich hier meinen mich umgebenden Töchtern und Enkelinnen eine Lob- und Dankrede halten!"

In seinem Familienkreise war es, wo Wieland die durch zunehmende Altersschwäche ihm oft geraubte

Heiterkeit wiederfand. „Wohl mir", schrieb er, „daß ich im Winter meines Lebens noch mit Gegenständen der Liebe umgeben bin, mit Kindern und Enkeln, die mir Freude machen, und mein Herz wenigstens so lange warm erhalten werden, bis es zu schlagen aufhört." Sehr glücklich würde er sich gefühlt haben, wenn er noch einmal seinen ganzen Familienkreis um sich hätte versammeln können, der immer kleiner geworden war, und zuletzt nur aus einer seiner verwitweten Töchter mit zwei Töchtern von dieser, und seiner jüngsten Tochter Luise bestand. In dankbarer Erinnerung an die Feier seines Geburtstags im Jahr 1810 schrieb Wieland an Böttiger: „Auch wieder ein paar schöne Tage, die sich ganz besonders freundlich, heiter und liebevoll an die 28,105, die nun mit mir vorbeigewankt, gehüpft, gestolpert, getanzt, gewalzt, gestürmt und geschlichen sind, angeschlossen haben! Es ist doch eine hübsche Sache um's lange Leben, wenn einem am Vorabend des 78sten Jahres noch solche Stunden zu Theil werden, wie ich am Abend des 4. September im enggeschlossenen Kreise brüderlich verbundener Freunde genossen habe. Es konnte meinem Herzen nicht anders als wohlthun, so viele und unzweideutige Zeichen herzlicher Theilnahme, Achtung und Liebe zu empfangen."

Wielands Gesundheit, ziemlich gestärkt seit der früher erwähnten Krankheit, gönnte ihm, an seiner Uebersetzung der Ciceronianischen Briefe mit wenigen Unterbrechungen fortzuarbeiten. Neben dieser Beschäftigung trug er sich damals mit dem Gedanken einer neuen Ausgabe seiner sämmtlichen Werke. Als sein Freund und Verleger Göschen ihn dazu aufgefordert und seinem Wunsche gemäß, versprochen hatte, deutsche Lettern, statt der bisherigen lateinischen, zu wählen, schrieb Wieland: „Die erste und wichtigste Frage wäre wohl diese: ob die neue Auflage a l l e s , was in der ersten ist enthalten soll oder nicht? Da diese Frage, meines Erachtens, blos aus buchhändlerischem Gesichtspunkte entschieden werden kann und muß, so habe ich nichts darüber zu sagen, als daß sie mir viele und kaltblütige Ueberlegung von allen Seiten zu erfordern scheint. Glauben Sie Ihre Rechnung bei einer Auswahl des Besten und Interessantesten eher zu finden, als bei einer wiederholten Auflage meiner s ä m m t l i c h e n Werke, so bin ich's völlig zufrieden; nur muß ich bemerken, daß alles, was sich mit gutem Gewissen retouchiren ließe, höchstens drei oder vier Bändchen ausmachen, und manchen Lesern auch damit vielleicht kein Gefallen geschehen würde. Die zweite Frage ist: ob wir die Kinder meines Geistes in der Ordnung, wie sie zur Welt gekommen sind, auf einander folgen lassen wollen? und da dies aus mehrern Gründen wohl das Beste seyn möchte: ob die poetischen von den prosaischen Werken abgesondert werden, und also zwei Classen ausmachen sollen? Auch dies kann und soll blos von Ihnen entschieden werden. Wenn nicht merkantilische Rücksichten das Letztere rathen, so sollte ich beinahe glauben, es dürfte vielen, wo nicht den meisten Liebhabern meiner Schriften angenehmer seyn, ohne Hinsicht auf Verse und Prosa, in der Ordnung, wie sie geschrieben wurden, zu lesen; um so mehr, da sie eben dadurch dem scharfsinnigen und aufmerksamen Leser eine Art von Geschichte, oder vielmehr die Belege zur Geschichte meines geistigen Lebens an die Hand geben, welche ich, wenn der schwarzbraunige Bruder des Schlafs mir Zeit dazu läßt, zu schreiben gedenke."

Mit dieser Selbstbiographie schien es Wieland wenig Ernst zu seyn. In seinem literarischen Nachlaß fand sich auch nicht das kleinste Fragment jener „Memorabilien," wie er sie zu nennen pflegte. Zufällige Umstände verhinderten die in dem vorhin erwähnten Briefe besprochene neue Ausgabe seiner Werke. Er gewann dadurch mehr Muße zu seiner Uebersetzung des Cicero, zu welcher, als ihn der Tod bei dieser Arbeit überraschte, sein Freund und Landsmann Gräter die noch übrigen vierzig Briefe Cicero's hinzufügte.

Nicht ohne Nachtheil für seine schwache Brust glaubte Wieland die Berge und Anhöhen von Belvedere ferner erklimmen zu können. Er leistete daher im Sommer 1811 Verzicht auf seinen bisherigen Lieblingsaufenthalt, und beschränkte sich auf kleine Ausflüge nach Jena und auf Spazierfahrten. Am 11. September 1811 hatte er das Unglück, als der Wagen umwarf, das Schlüsselbein zu zerbrechen. Noch gefährlicher ward seine jüngste Tochter verletzt. Wahrhaft bewundernswerth war, nach Goethes Zeugniß, die Fassung, der ruhige Gleichmuth, womit Wieland die schmerzlichen Folgen des Falles und die Langeweile der Genesung ertrug. Auch bei dieser Prüfung bewährte sich seine Lebensphilosophie, die ihn noch nie verlassen hatte.

„Es gehört," schrieb er den 18. October 1811, „unter die größten Uebel der schon oft von mir recht herzlich verwünschten Celebrität (zu deutsch Berühmtheit) — die übrigens auch hin und wieder ihr nicht zu verachtendes Gute hat — daß einer nicht einmal den kleinsten Finger, geschweige ein Schlüsselbein, was doch im Grunde auch nicht viel sagen will, brechen kann, ohne daß es sogleich in öffentlichen Blättern der Welt verkündigt, und dadurch alle entfernten Freunde des Verunglückten unschuldiger und ungebührlicher Weise, gegen den Willen desselben, zum Mitleiden aufgefordert, beunruhigt, und nicht selten ist der Fall gesetzt werden, sich das Uebel ärger vorzustellen, als es ist."

Wieland genas bald wieder. In völliger Heiterkeit fand ihn sein achtzigster Geburtstag, den er in einem Cirkel von Freunden feierte, die ihn nach Jena eingeladen hatten, und ihm an jenen Tage eine silberne Denkmünze überreichten, mit der Aufschrift: „Dem unsterblichen Sänger." Mit den heitersten Eindrücken kehrte er wieder nach Weimar zurück, wo ihn Ifflands Darstellungen auf dem dortigen Hoftheater erwarteten. Er schien sehr lebhaften Antheil daran zu nehmen. Seine Gesundheit blieb sich gleich. In der Nacht vom 10. auf den 11. Januar 1813 traf ihn jedoch ein Anfall von Schlag. Aller ärztlichen Hülfe unerachtet, ward sein Zustand, durch ein hinzutretendes heftiges Fieber, von Tage zu Tage bedenklicher.

Die Nähe seines Todes schien Wieland nicht zu ahnen. In schmerzlosen Stunden beschäftigte sich seine Phantasie mit seinen Kindern. Auch sprach er bisweilen mit lebhaftem Interesse von seiner Uebersetzung der Ciceronianischen Briefe. Als am zehnten Tage, den 20. Januar, das durch ärztliche Mittel beseitigte Fieber mit größerer Heftigkeit wieder zurückkehrte, schwärmte Wielands Phantasie bald in Griechenland, bald in Italiens Gefilden. In den Abendstunden hörten seine Kinder ihn schwach, doch vornehmlich, Hamlets berühmten Monolog: „Seyn oder Nichtseyn", bald deutsch, bald englisch recitiren. Er sank hierauf in einen tiefen Schlummer, und die Mitternachtsstunde fand ihn nicht mehr unter den Lebendigen.

Eine allgemeine Trauer verbreitete die Nachricht seines Todes. Die Brüder des Freimaurerbundes, dem er angehörte, beschlossen eine feierliche Bestattung des Entschlummerten. Architektonische Verzierungen schmückten in dem mittlern Theile des Landes-Industrie-Comptoirs zu Weimar, das von seinem vieljährigen Freunde Bertuch eingeräumte Local, wo Wielands sterbliche Hülle am Abend des 24 Januar ausgestellt ward. Seine zahlreichen Verehrer und Freunde sahen dort, mit fast unveränderten Zügen, sein mit einem Lorbeerkranze geschmücktes Haupt, auf einem blauseidnen, mit golden Spitzen eingefaßten Kissen ruhen. Eine ähnliche Decke breitete sich aus über den untern Theil des Sargs. Der Körper war in ein weißes Tuch gehüllt. Ein Lorbeerkranz umwand die Prachtausgaben der beiden Gedichte: „Oberon" und „Musarion", die in einem Einbande von Maroquin auf einem rothen Sammtkissen auf dem Deckel des Sargs ruhten. Dort sah man auch auf einem kleinern weißen Atlaskissen die Decorationen des russischen und französischen Ordens.

Der Gartensaal des Gutsgebäudes zu Osmanstädt, einst Wielands Lieblingsaufenthalt, empfing in der nächsten Nacht seine irdischen Ueberreste. Dort versammelten sich am 25. Januar 1813 Nachmittags die sämmtlichen Brüder der Loge Amalia, nebst einer großen Zahl von Wielands Freunden und Verehrern. Sie schlossen sich dem Trauergefolge an, welches der französische Gesandte, Baron St. Aignan, mit des

Dichters ältestem Sohne Ludwig eröffnete. Sechzehn Maurerbrüder trugen den Sarg. Das Geläut der Dorfglocken lockte einen großen Theil der Bewohner von Osmanstädt herbei. Ihrem alten Gutsherrn, wie sie Wieland noch immer nannten, wollten sie die letzte Ehre erweisen. Der Zug ging die lange Allee hinab, die der Dichter oft durchwandelt hatte, bis zu dem Bosket, wo Wieland sich längst seine Ruhestätte gewählt. Dem Trauergesange an seinem Grabe folgte eine kurze, aber herzliche Rede des Oberconsistorialraths Günther, der die Verdienste des Dahingeschiedenen in ergreifenden Umrissen schilderte.

Neben den Gräbern derjenigen, die ihm am theuersten gewesen im Leben, neben Sophie Brentano und seiner Gattin Anna Dorothea, erhielt Wieland, seinem oft geäußerten Wunsch gemäß, seine Ruhestätte. Neben den zwei dreiseitigen Pyramiden, die die Gräber seiner Lieben bezeichneten, erhob sich auch sein Grab.

Der Weimarische Bildhauer Weiße hatte jene Denkmale in Seeberger Sandstein ausgeführt. Für Sophie Brentano war das Emblem einer Psyche mit einem Rosenkranz umgeben gewählt worden; für Wielands Gattin das Sinnbild der Eintracht und Treue: zwei verschlungene Hände in einem Eichenkranz. Die geflügelte Lyra mit dem Stern der Unsterblichkeit darüber ward für Wieland zum Sinnbilde gewählt. Er selbst hatte bereits 1806 für jene Denkmale die treffende Inschrift verfertigt:

„Lieb' und Freundschaft umschlang die verwandten Seelen im Leben,

Und ihr Sterbliches deckt dieser gemeinsame Stein."

Die übereinstimmenden Zeugnisse Aller, die Wieland näher gekannt, bestätigen die richtige und partheilose Schilderung seines liebenswürdigen Charakters, die einer seiner Freunde in den nachfolgenden Worten entwarf: „Mild gegen den Irrthum, schonend gegen Fehler, war er für Vernunft, für Recht und Pflicht, für alles, was der Menschheit heilig seyn muß, weil es allein dem höhern Menschenleben Werth giebt, ein unermüdlicher, eifriger Kämpfer, aber eben deshalb auch ein rastloser Bekämpfer aller Vorurtheile, aller Verfinsterung, aller Unterdrückung. Veredlung und Beglückung seines Brudergeschlechts war sein Ziel. Er schwatzte nicht von Religion und Philosophie, aber er bethätigte sie im Leben, in welchem er dankbar alles Gute, und mit ruhiger Ergebung das Unglück hinnahm. Für ihn gab es nichts Größeres im Leben, als, nie in Gemeinheit sinkend, den Sinn stets auf das Edle gerichtet, unausgesetzt ein guter Mensch, Gatte, Vater, Freund und Bürger zu seyn."